国家出版基金项目
NATIONAL PUBLICATION FOUNDATION

幼儿园领域课程指导丛书

幼儿园语言领域教育精要
——关键经验与活动指导

余珍有 著

教育科学出版社
·北京·

前　言

　　语言领域教育是幼儿园课程建设的重要内容,也是幼儿园领域教育的重要方面,对于促进幼儿语言发展以及其他方面的发展起着重要作用。特别是近些年来,随着教育研究的深入,我们越来越关注幼儿语言学习与发展的关键经验的习得,强调幼儿语言学习与发展的特点,引导教师在教育实践中了解幼儿语言学习与发展的关键经验,在语言活动的组织与关键经验之间建立有效对接,通过丰富多彩的语言活动促进幼儿语言学习与发展的关键经验的习得。

　　目前,我国幼儿园语言领域教育的研究与实践取得了很多成绩,广大幼教工作者秉持的语言领域教育观念也发生了变化。总体来说,伴随着对幼儿语言学习与发展的关键经验的强调,幼儿园语言领域教育的要求有了新的特点,表现在以下方面。

第一，明确了语言运用能力培养的要求。研究表明，在幼儿语言能力发展中，语言运用能力的获得是核心，是语言发展的源泉。幼儿的语言是通过在生活中的积极主动运用而发展起来的。教师要引导幼儿体验语言交流的乐趣，使其养成注意倾听和讲话有礼貌的习惯，鼓励幼儿乐于与人交谈、清楚表达自己想法和感受。

第二，回归文学作品学习的本意。文学作品学习的价值在于引导幼儿初步感知和欣赏文学作品的文学语言，从而获得精神上的愉悦和满足。教师要培养幼儿对文学作品的兴趣，在不同年龄班提出喜欢倾听、理解作品内容、记忆主要情节、朗诵儿歌和复述故事等不同要求，将对文学作品的兴趣、欣赏和感受作为主要目标，强调故事、儿歌等文学作品在幼儿发展中的作用。

第三，早期读写能力培养引起足够重视。目前，对幼儿早期读写能力发展规律的研究有了较大进展，早期读写对幼儿全面发展和入学后学业成绩的提高具有积极影响等观点得到认可。教师不仅要让幼儿喜欢看图书、对生活中常见的简单标记和文字符号感兴趣，还要利用图书、绘画和其他形式，引发幼儿对进行阅读和书写活动的兴趣，培养其前阅读和前书写的技能。

第四，重视真实语言交往环境的创设。幼儿的语言学习主要以习得方式获得。在此过程中，教师要创设一个能使他们想说、敢说、喜欢说、有机会说并能得到积极应答的环境，支持、鼓励、吸引幼儿与教师、同伴交谈，引导幼儿体验语言交流的乐趣。这样的语言交往环境不仅包括教师与幼儿之间的集体和个别交往，也包括幼儿之间的自由交谈。

第五，重视语言领域教育与其他领域教育的整合。发展幼儿语言的途径之一是通过相互渗透的各领域教育，引导幼儿在交往中扩展非语言经验，并在其他领域活动中促进幼儿的语言发展。整合实践探索重点在以下方面展开：一是以主题为依据，整合语言领域学习和其他领域学习；二是以文学作品学习或者图画书阅读为核心，整合语言领域学习和其他领域学习；三是在其他领域的活动中或在日常生活中加入语言领域学习的内容。

本书基于上述对幼儿园语言领域教育特点的分析，从幼儿语言学习与发展的关键经验出发,阐述建立在关键经验基础上的语言领域活动指导的方法和策略,提供若干具有参考价值的活动案例。同时,本书为了帮助广大读者更好地理解幼儿园语言领域教育的要求与特点,特别提供了幼儿园不同年龄班的语言教学优质课录像及幼儿园语言领域教育精要讲座录像。

希望本书的出版,对于广大幼教工作者深入理解幼儿园语言领域教育的精髓与特点并有效开展语言领域教育活动,起到借鉴作用。

余珍有

2015 年 12 月

目　录

第一章

概　述

引导幼儿有效地学习语言、促进幼儿语言能力的发展，是幼儿园语言领域教育的首要目的。而了解幼儿语言学习与发展的特点以及幼儿语言发展对幼儿成长的价值，就成为有效组织幼儿园语言领域教育活动的前提。

第一节　幼儿语言学习与发展的价值

幼儿语言的发展贯穿于各个领域，也对其他领域的学习与发展有着重要的影响：幼儿在运用语言进行交流的同时，也在发展着人际交往能力、理解他人和判断交往情境的能力、组织自己思想的能力。通过语言获取信息，幼儿的学习逐步超越个体的直接感知。

——摘自《3—6岁儿童学习和发展指南》

语言是人类社会特有的一种现象。就个体而言，语言是思维的一种工具，是智慧技能的一种表现，也是社会交往的工具，是幼儿社会化、个性发展的重要标志。正如皮亚杰所说，语言具有双重意义。它既是一种凝缩的符号，又是一种社会的调节。语言在这种双重意义中，便成为思维缜密发展不可或缺的因素。因此，学习并掌握语言，就意味着获得了看待和认识外界事物的方法和能力，还意味着掌握了对事物之间关系和价值的判断以及对事物的情感。

早期的语言学习与发展对幼儿发展特别重要。一方面，他们通过语言交流活动，逐渐获得大量关于周围世界的知识，发展智力，习得社会道德行为规范。他们通过语言理解他人的思想、情感，利用语言表达自己的感受、见解、愿望，倾诉自己的感情，参与社会交往活动，指导和评价自己的行为。另一方面，在早期交往过程中发展起来的语言能力将成为他们日后进行文化知识学习的基础和入小学后学习的基本保障，也是他们在未来学习中学会向他人提出问题、阐述观点、陈述理由、提出假设以及表达自己想法的前提。正如怀特西德所言，20多年来，人们已经在以下观点上达成了广泛的共识，即早期获得的语言是将来学校所有科目学习和教学的根本保证。

一、促进幼儿认知能力的发展

幼儿的语言发展与认知发展是相互促进、互为基础的。一方面，幼儿的认知发展水平决定其语言发展水平。在婴儿期和幼儿早期，幼儿只能掌握一些情境性很强的语言。随着认知与思维的进一步发展，幼儿掌握的词汇量不断增加，词类范围不断扩大。他们开始掌握一些抽象的词和连贯性语言和语法结构。另一方面，作为一种心理表征符号，语言一旦被幼儿理解和掌握，就会对认知发展起到推动和加速的作用，主要表现为认知速度、广度和强度的增加，从而使认知过程具有极大的机动性和普遍性。具体而言，语言学习与发展对幼儿认知发展的作用体现在以下方面。

1. 加深和巩固初步形成的概念

概念是人脑对客观事物一般特征和本质特征的反映，是在概括的基础上形成的，是以语词为标志的，受到概括水平限制。心理学研究表明，幼儿的思维发展具有动作性和具体形象性等特点，但也有进行初步抽象概括的可能。他们的思维主要依赖自身的动作和对事物的具体形象来进行，并不主要凭借概念、判断和推理来进行。幼儿只能获得初级概念，维果茨基称之为自发概念。幼儿在运用自发概念时，并未意识到概念或思维活动本身，注意到的只是概念或思维所指的对象——经验的各种实物及其表象以及概念的替代物——语言。认知中的语义编码（概念）是语言与认知联系的桥梁。语言作为思维的工具，在概念的形成、同化、巩固和思维发展过程中起重要作用。

幼儿在掌握语言之前，要认识一物的特征，需要对该物的各个部分、各个特征逐一感知，但这些特征却是直观的、外在的，无法进行概括。随着语言的发展，幼儿对事物的认识开始从特定的、形象的特征转向一般的、概括的特征，概括的内容逐渐丰富。语言的发展对概念的形成和发展的作用主要表现在以下方面。

首先，借助词来命名，即用词表示事物的名称、形态、习性等。有了词的命名，幼儿对有关事物及其属性的感知才能从具体趋向概括，形成和巩固初步形成的概念。如幼儿最初对猫的认识，是指自己家里的小花猫或者看到的某一具体形象的猫，然而在多次听到别人提到猫或与别人多次谈论猫之后，猫的一般形象特征才在幼儿头脑中形成。

其次，借助语言发现事物之间的异同点，即通过语言描述、比较，发现认识对象的不同点和相同点。幼儿经验贫乏，直觉精确性差，在认识类似事物时经常发生混淆。如大多数幼儿分不清狼和狗的外形特征，在成人的指导下，幼儿通过观察、比较才能找出其不同点，用语言表述出来。这样，幼儿有关狼和狗的认识就有了不断反复的内容，也更加接近概念本身。幼儿对鸡和鸭相同点的理解和把握，也有语言的参与。

最后，借助语言获得新的概念。幼儿通过语言，不但直接认识事物，而且间接和概括地认识事物。如在语言的作用下，幼儿开始理解动物、植物、家具等类概念，将猫、狗、鸡、鸭、老虎、熊、牛等归为动物，开始对勇敢、喜欢、分享等抽象概念有了一定的认识。

2. 指导并参与认知加工过程

幼儿语言的发展增加了其认知加工的复杂性，是幼儿高级思维初步发展的直接前提。在幼儿从具体形象思维向抽象概括思维发展的过程中，语言起到了重要作用。一方面，语言在幼儿进行直观动作、表象思维的过程中起到指导作用，使感知和表象具有一定的目的性和方向性。另一方面，语言直接参与了幼儿的有意注意、有意记忆以及初步的分析、综合、判断、推理等抽象概括思维过程。这样，幼儿的认识对象不仅涉及当前直接感知到的事物，而且涉及一些不能直接感知到的事物，从而让幼儿脱离眼前直接感知到的对象而进行初步的逻辑思维加工。

首先，语言的产生和发展丰富了幼儿的认知范围。在语言产生之前，幼儿只能以有限的遗传本能和个体的直接经验为基础认识世界，认识范围受到限制。在语言产生之后，幼儿可以通过与他人交流，了解那些属于自己直接经验以外的事物。他们不仅可以通过直接观察、感知获得直接经验，而且还能通过理解他人语言和想象获得对自己没有直接感知的事物或经历的认识。这样，幼儿的认知范围更加宽泛，内容更加丰富，认识更加深刻。

其次，语言的概括和调节作用使幼儿的认知加工具有随意性和自觉性。在能够理解和使用语言之前，幼儿不能在直观感知和动作之外进行思考，更不能考虑自己的动作、计划自己的动作、预见自己的动作的结果。在掌握语言初期，幼儿可以按照成人发出的指令主动调节观察、感知、记忆、归类等内部行为，然后开始边说边做和有声思考，并最终过渡到只通过内部语言指导和调节自己的行为。如两岁幼儿当骑在竹竿上面时，就会想到骑马的事情，但等把竹竿丢掉，骑马的事情也就忘记了。

最后，语言的指代意义和中介作用使幼儿逐步丰富自己的间接经验。语言的直接参与和促进了幼儿理解、判断和推理能力的发展。如幼儿只有理解和说出一定数量的词和句子，才能简单编构故事、理解故事情节、想象故事画面。再如幼儿在吃过苹果之后，可能会形成有关苹果的一些表面联系，当以后遇到苹果时才能叫出它的名称，说出它的形状、颜色，了解它的功用（理解），知道它能不能吃、是否好吃（评价）、是不是香蕉（判断），最终获得有关苹果的丰富、深刻的知识和经验。在这一系列思维过程中，语言始终参与。

3. 促进创造性思维的发展

创造性思维是指根据一定的目的，运用已有信息，产生某种新颖、独特、有社会或个人价值的产品的过程。幼儿的创造性思维主要借助想象来进行。语言的发展为幼儿创造性思维的萌芽和发展起到了促进作用。

首先，语言的发展直接导致某些自造概念的出现。如幼儿园请一位姓翟的年长教师来指导幼儿活动，小班幼儿会自发地将这位年长教师称为"外婆老师"。"翟老师"的称谓对这个年龄段的幼儿来说，是不熟悉和难以记忆的。相比而言，教师与外婆相近的形象却是幼儿熟悉的，"外婆老师"也应运而生。这是幼儿语言引发创造的普遍现象。

其次，语言的发展使创造性运用语言成为可能。幼儿经常会根据学到的句子、故事、诗歌的结构，结合自己的生活、游戏或者想象经验，自发地或在教师指导下进行造句、诗歌和故事仿编或表演等，这些都是语言和创造性思维结合的结果。如诗歌《摇篮》内容简单、情境感强、语言节奏感强，适合幼儿学习和仿编。诗歌全文如下。

　　蓝天是摇篮，摇着星宝宝。白云轻轻飘，星宝宝睡着了。

　　大海是摇篮，摇着鱼宝宝。浪花轻轻翻，鱼宝宝睡着了。

　　花园是摇篮，摇着花宝宝。风儿轻轻吹，花宝宝睡着了。

在学习诗歌《摇篮》后，幼儿在教师的鼓励下，仿照诗歌的语言结构进行仿编。其中一名幼儿仿编出如下诗句。

　　蓝天是摇篮，摇着月宝宝。白云轻轻飘，月宝宝睡着了。

　　小河是摇篮，摇着虾宝宝。水草轻轻摇，虾宝宝睡着了。

　　大地是摇篮，摇着草宝宝。风儿轻轻吹，草宝宝睡着了。

第一句仅将诗歌中的星星替换成月亮，第二、三句不仅场景有了变化，大海和花园分别变成了小河和大地，而且角色也发生了变化，"大海——鱼——浪花""花园——花——风"分别变成了"小河——虾——水草"和"大地——草——风"。这样的仿编既是幼儿创造性思维的表现，也是幼儿创造性运用诗歌语言表达个人经验的表现。

二、促进幼儿社会性的发展

语言在幼儿社会性发展过程中具有举足轻重的作用。幼儿社会性发展是幼儿在一定的社会条件下逐渐掌握社会规范，正确处理人际关系，妥善自治，从而客观地适应社会生活的心理发展过程。影响幼儿社会性发展的一个重要条件是幼儿对以语言为主的心理工具的掌握。语言的发展既能帮助幼儿逐步发展对外部世界、他人和自己的认识，又能成为幼儿认识和理解社会规范的基础，同时在幼儿社会情感形成和社会行为产生过程中也起着重要的促进作用。因此，语言是幼儿社会性发展的重要标志之一。语言发展对幼儿社会性发展的促进作用表现在以下方面。

1. 提高社会交往能力

随着语言能力的提高，幼儿的社会交往能力有了较大改善。在没有学会任何一种语言之前，人与人之间的关系仅限于身体与其他外部姿势的模仿、笼统的情感交流，没有分化为各种特殊的交流方式。一旦掌握了一种与他人交往的工具，个体就可以和他人交流。思维的发展促使幼儿能够把这种思维过程告诉别人。所以说，语言发展导致了行为的社会化，从而导致思维动作不再只和产生思维的自我有联系。

首先，语言的发展使幼儿与他人之间的思想、信息和情感交流成为可能。在成人的指导下，幼儿开始理解他人的语言，并从他人的语言中获取自己需要的信息。幼儿可以用语言讲出自己的感受和需要，让成人或同伴及时了解自己或引起他人注意。能用语言清楚表达自己情感需要的幼儿通常最受他人欢迎，这让幼儿的情感需要获得极大满足，从而实现与他人交流的目的。

其次，幼儿使用语言调节自己的行为，掌握自我评价的标准。如在与他人交往中，幼儿逐渐学会用语言去表达而不是采取身体动作侵犯的方式，学会通过语言去协商而不是去发脾气，以此解决与他人之间的争端或冲突。

2. 促进自主性的发展

幼儿拥有自主性意味着他相信自己的能力，将自己看作一个独立的、有能力的、能担当的个体。语言在幼儿自主性发展过程中起到中介作用。

首先，幼儿的自我概念和自我意识的萌芽出现在两岁左右，其进一步发展与幼儿有关自我的词汇掌握密切相关。语言作为一种新的心理表征方式，首先促进了幼儿自我概念的形成。语言产生之前，尤其在学会说"我"之前，幼儿还意识不到自己的心理活动和行为，更谈不上自觉分析、调节自己的心理和行为。直到学会使用自己的名字，并使用"我的""我"之后，幼儿才开始像认识外部客观世界一样认识自己的心理活动，同时能从将自己当作客体转变为将自己当作主体来认识，进而自觉调整心理和行为，使自己的心理和行为表现出稳定的独特倾向。此时，幼儿的自我意识才算真正形成。随着自我概念的发展，幼儿开始对他人赞扬、责备等外界反馈越来越敏感，开始经历更多的自我意识情绪。

其次，自我意识的产生容易让幼儿产生抵制和抗议等冲突行为，语言的发展则有利于解决这些冲突。幼儿通过多次与父母等主要看护人进行的语言和非语言的交流，使他们之间形成某种"非语言的社交合约"，并在他们的生活世界、主要看护人以及个体的独立性之间平衡自我兴趣，塑造自我行为模式或者社交风格。

3. 促进亲社会性行为的发展

学会控制自己的情绪和恰当地表达情感是促进幼儿亲社会性行为发展的主要途径。在语言的参与下，幼儿开始认识和理解他人，逐步理解成人传授的行为标准，掌握社会对个体行为的期待，以社会或群体的行为规范来指导和调节自己的行为。

首先，语言发展使幼儿获得较大的个人乐趣和满足感，导致其个体或社会行为可进行良好的自我调节，促进其性格形成和发展。语言发展使幼儿有可能与成人进行直接语言交流，通过观察周围其他人对事物的态度和行为以及成人强化等方式，直接或间接地学习为人处世的方式，获得有关"什么是有礼貌的行为、什么是诚实"等行为经验。

其次，语言学习对幼儿情绪情感的发展具有重要影响。语言发展是幼儿社会交往的基础，交往能力的提高则有利于幼儿形成与成人、同伴之间的亲密关系，使幼儿获得积极的情感体验，促进其情绪情感的健康发展。作为幼儿园语言领域教育的重要内容，文学作品通常是充满情感色彩的。在学习文学作品的过程中，幼儿可以通过移情、表演等方式获得关爱、快乐、悲伤等多种情感体验。文学作品中蕴含的价值观还能发展幼儿的道德、审美等高级情感。

总之，语言发展对幼儿成长的促进是以幼儿获得的一系列经验为中介，包括以下方面。

*人际关系方面的经验：建立和保持人与人之间的相互关系，理解并掌握人际交往的常规；交流个体情感、喜好、经历以及简单的信息；表达个体对某些事件的态度和喜好程度；在共同交往活动中获取信息或材料，为共同交往活动提供信息或材料。

*认知方面的经验：提供或发现有关话题的简单信息；通过标记、对比、排序、分类等方式解释和使用活动过程中简单的已知信息，执行简单的指令；用简洁的语言表达个体的观点和想法；在教师的支持下解释自己的绘画、涂鸦等作品；理解并尝试解决一些简单的情境性问题；感知和理解语言的发音、节奏、韵律等方面的明显特征；产生初步的语言敏感性，将这些敏感性运用到语言学习和使用过程中。

*创造性方面的经验：在学习和欣赏儿歌、歌曲、故事等语言材料的过程中，使用语言、动作或情境表演等手段，表达自己对作品内容的理解；使用简单的语言，对出现在绘画、操作游戏、即兴发言过程中的人或事做出必要的反应；描述出现在看图讲述、儿歌仿编或故事创编等活动中的事件。

第二节　幼儿语言学习与发展的内容与方式

　　幼儿的语言能力是在交流和运用的过程中发展起来的。应为幼儿创设自由、宽松的语言交往环境，鼓励和支持幼儿与成人、同伴交流，让幼儿想说、敢说、喜欢说并能得到积极回应。为幼儿提供丰富、适宜的低幼读物，经常和幼儿一起看图书、讲故事，丰富其语言表达能力，培养阅读兴趣和良好的阅读习惯，进一步拓展学习经验。

　　幼儿的语言学习需要相应的社会经验支持，应通过多种活动扩展幼儿的生活经验，丰富语言的内容，增强理解和表达能力。应在生活情境和阅读活动中引导幼儿自然而然地产生对文字的兴趣，用机械记忆和强化训练的方式让幼儿过早识字不符合其学习特点和接受能力。

——摘自《3—6岁儿童学习和发展指南》

　　如前所述，了解幼儿语言学习与发展的特点是有效组织幼儿园语言领域教育活动的前提。幼儿语言学习与发展的特点可以从幼儿语言学习与发展的内容和幼儿语言学习与发展的方式两方面进行分析。

一、幼儿语言学习与发展的内容

　　相关的研究结果表明，幼儿学习语言获得的不但是有关字、词、句等方面的知识，而且还包括字、词、句的运用能力，也包括在使用字、词、句过程中获得的个人情感体验。语言经验是幼儿在具体交往情境中使用语言时获得的知识、能力和情感体验的整合。幼儿语言学习与发展的内容从经验的角度分析，包含以下含义。

1. 幼儿获得的语言经验是一个整体

从表现形式上看，语言可以分解为字、词、句等要素，但这些要素却是不可分割的。从语言学习的系统来看，幼儿语言学习的内容包括语言形式、语言内容和语言运用。但是，这三类语言学习的内容是不可分割的。我们可以通过分别研究幼儿语言学习中的字、词、句构成要素以及字、词、句组合的潜在规则（如词汇、句法）或者语言形式、语言内容、语言运用来了解幼儿语言学习的特性，但我们却无法直接通过孤立地教授幼儿学习字、词、句等帮助幼儿获得语言经验。幼儿对字、词、句以及语言规则的学习不是孤立的，而是在使用中以整体的形式掌握的。

2. 幼儿获得的语言经验是一种体验

幼儿获得的任何语言经验总是与学习或使用该语言经验的情境密切相关。幼儿听懂或说出的话即使只有一个字，也需要在一定的情境或上下文中才能表达出完整意义。幼儿听到某一个字、词、句时，总是在具体、真实的交际情境中结合自己的已有经验来对其进行理解的。孤立了解语言要素，无法帮助幼儿理解其完整含义。

3. 幼儿获得的语言经验与其他学习经验密不可分

语言是幼儿社会交往、心理思维活动的工具。离开了语言，具体内容毫无意义。幼儿获得的语言经验总是发生在其生活、学习、游戏之中。或者说，幼儿使用的某一个字、词、句都在某一生活或游戏中包含了特定的含义。

基于这样的观念，我们在开展幼儿园语言领域教育时，应始终将引导幼儿获得语言经验作为幼儿园语言领域教育的核心目标，既要引导幼儿整体获得有关语言发展的知识、能力和情感态度，又要加强幼儿园语言领域教育与其他领域教育之间的联系。孤立教授幼儿学习字、词、句，或者把语言领域学习与其他领域学习割裂开来，甚至对幼儿进行纯语言知识的教学，都是不合时宜的，对促进幼儿语言的有效发展也无益。幼儿期是语言经验获得的关键时期，适宜的语言领域教育可以帮助幼儿获得有关口头语言、书面语言的关键经验。

二、幼儿语言学习与发展的方式

语言学习存在学得和习得两种方式。语言学得是指学习者通过接受他人的直接讲解和自己的有意识练习，记忆语言现象和语法规则，最终理解所学语言知识并掌握语法概念的过程。语言习得是一种无意识、自然而然地学习、使用并掌握甚至是"拾遗"语言的过程。在这个过程中，学习者的注意力集中在语言表达的意义和功能上，而不是在语言形式上。他们通常意识不到自己在学习语言，而只是在自然又迅速、流利、灵活地运用有关的语言规则并与人交往。语言习得的内容通常不是预先设计的，而具有随机性。语言习得的效果不会立竿见影，不易通过测试表现出来，但一旦习得却不易遗忘。

研究表明，语言习得能直接促进语言能力的发展。所以，语言习得是首要的，是处于第一位的。语言学得仅限于监控和修正语言，并不能直接发展语言交际能力，因此是第二位的。幼儿的语言学习与发展通常发生在完整的、真实的、有趣的、非竞争的、与生活有关的情境中，因此其语言学习与发展的主要方式是习得。《幼儿园教育指导纲要（试行）》和《3—6岁儿童学习与发展指南》中也多处提到，语言是在交往中获得的。语言通过习得的方式获得，主要包含以下含义。

1. 通过交往进行学习

幼儿是通过交往学习语言的。在交往过程中，幼儿通过主动接触、模仿、尝试、运用等方式掌握字、词、句及其组合规则。通过交往学习语言，首先表现在幼儿学习语言的目的在于主动理解他人语言表达的信息和向他人表达自己的意图，实现与人交流，而不在于掌握语言形式本身；其次表现在幼儿通过交往检验自己掌握的语言效果。在与人交往中，幼儿对他人话语的理解未必正确，他们说的话也未必被成人理解。为了学会使用恰当和准确的语言表达交往意图，实现交流目的，幼儿需要在与他人交往过程中不断经历"尝试—错误—再尝试"的过程，以此检验语言学习的效果；最后表现在幼儿学习语言需要得到他人的反馈和指导。父母和教师未必会直接教授幼儿练习字、词、句，但他们仍会努力倾听幼儿说出的话，试图理解其意图。结果常常是，幼儿说的话尽管不清楚、不完整，但成人也能猜出其意图，如果不能猜出，也会给予反馈。幼儿即使模糊理解了一点儿，也会试图用成人可以理解的语言实现交往目标。

2. 在真实情境中学习语言

幼儿的语言学习总是发生在真实的生活、游戏等情境中。在这些情境中，幼儿模仿、练习和使用语言的行为产生于他们与其他人之间的交往需要。由于生活、游戏的需要，幼儿开始利用语言与他人交往，分享他人对周围世界的理解和看法。此时，幼儿并没有明确意识到自己的语言学习任务，但为了能够参与生活、游戏等活动，他们已经在无意识中随机学习了语言，结果是他们学会了语言。幼儿学习语言为了思考、理解和表达意义，而意义和功能则是幼儿关注的核心。

3. 从整体到部分

幼儿学习语言是从整体开始的，然后过渡到部分。他们在刚接触某一字、词、句时，总是在一个具体的情境中与其他字、词、句作为整体来理解和记忆，听到的很少是孤立的字、词、句。随着同一字、词、句在不同情境中的多次重复出现，他们才逐渐将这个字、词、句与其他字、词、句区分开来。语言使用也是如此。幼儿即使只说出一个字，但实际上却用它来表达完整的一句话。总之，语言学习是从完整意义表达开始的，随着语言水平的提高而逐渐在其说出的句子中增加新的部分。

语言学习从整体到部分，包括两层含义。其一是幼儿倾向于将新学的一句话或一段话看作一个整体，以此进行记忆和运用。如幼儿将刚学的儿歌《孙悟空打妖怪》看作一个整体，与此对应的是游戏情境和动作，而不会将这首儿歌分解成一个个的字、词、句。只有在熟悉儿歌后，他们才会将孙悟空、唐僧等人物和打妖怪、骑马等动作分离开。其二是幼儿最初对某一字、词、句的理解和运用有赖于该字、词、句在不同情境中的多次出现。如幼儿在学习"帽子"时，总是会听到"戴上帽子""脱掉帽子""你的黄帽子在这儿"等语言指令并看到相关动作。

4. 语言运用优先学习

幼儿的语言学习包括语言形式、语言内容和语言运用。语言形式的学习是指学习语言中约定俗成的符号系统和系列规则，包括语音、词法和句法。语言内容的学习是指对词与词之间信息传递及含义表征关系的获得。语言运用的学习是指在一定的情境中学习利用语言去实现一定的功能和目的。语言内容和语言运用被看作语言形式的意义，只不过前者是语言形式的基本含义，后者是语言形式在具体情境中的含义。

语言内容的学习往往伴随着语言形式的学习，和认知发展同步进行。但是，语言运用优先于语言形式的学习，其含义是指在与人交往或语言学习过程中，幼儿首先关注的是语言的意图或功能，而不是语言形式本身，或者幼儿在掌握某一字、词、句的发音、构成规则前就已经熟悉它的使用功能和使用情境。幼儿在学习语言时，首先获得的是语言功能，首先知道的是语言是用来满足交际需要的，然后才会去选择合适的语言。

从语言运用的视角看，幼儿语言学习与发展的关键经验包括及时交流信息、完整表达自己、幽默与艺术地运用语言、运用书面形式语言等内容。

第三节 幼儿语言运用环境的创设

由于幼儿的语言主要是在运用过程中自然习得的，所以幼儿园语言领域教育的重点在于创设适合幼儿发展特点的自然、真实、有趣的语言运用环境，帮助幼儿学习、锻炼和运用语言，参与有意义的语言活动，同时在语言运用过程中融入影响幼儿发展的多种因素，允许和实现和语言运用目的有关的多种符号系统（语言与非语言）的参与，促使幼儿产生积极运用语言与人、事、物进行互动的需要，最终成为主动探求、积极参与交往的语言加工者。

一、高质量语言运用环境的特征

语言运用环境是指适合参与各方有机会运用语言进行信息交流的情境，既包括口头语言交流环境，也包括书面语言运用环境。高质量的语言运用环境不仅有利于幼儿有话想说、有话敢说、有话能说和有话会说，也有利于提高幼儿的早期读写能力，调动幼儿使用图画和"模拟"文字进行书面表达的积极性。高质量的语言运用环境具有以下特征。

1. 宽松的心理氛围

语言学习需要幼儿有意愿去参与和他人的交往活动。没有交往而独立练习或者没有参与而只是接受他人的教授，将无法让幼儿掌握作为交往工具的语言。因此，创设一个可以让幼儿有话敢说和有话想说的宽松心理氛围是高质量语言运用环境的首要特征。

要创设宽松的心理氛围，教师需要积极鼓励幼儿大胆说出自己的想法，耐心倾听幼儿的诉说，对幼儿的要求或想法给予及时的正面回应。如对幼儿的主动阅读、大胆使用"模拟"文字书写表达自己想法的早期读写行为，教师要对其进行鼓励，表现出赞赏的态度，激发幼儿主动学习书面语言的兴趣。

2. 与幼儿有关的话题

交往总要围绕一定的话题展开。当交往的话题与幼儿的生活、游戏相关时，幼儿才能有话可说。如在自由活动时，教师发起的话题是"漂亮的衣服"，这最能引发今天正好穿着新衣服和家长刚好为他买了新衣服的幼儿的参与兴趣，也更容易打开幼儿的"话匣子"。与幼儿有关的话题能够激发幼儿参与活动的兴趣，丰富相关话题的经验，帮助幼儿学习和锻炼交往技能。

3. 真实信息的交换

语言是交流的工具，使用语言的目的在于进行真实信息的交换。高质量的语言运用环境更加关注语言传达的内容或实现的意图而非语言形式本身，更加关注语言使用的流畅性而非语言使用的准确性和完整性。如下面是教师在晨间接待时与芮芮之间发生的一段对话。

　　教师："哟，芮芮今天怎么这么高兴呀？"

　　芮芮（冲着教师笑，将裙子拉起来给教师看）："奶奶买的。"

　　教师："哦，我知道了。奶奶给芮芮买了一条漂亮的裙子，所以芮芮今天特别高兴。是不是啊？"

　　芮芮（点点头）："奶奶带我……带我到新街口买的。"

教师："真的呀?! 来，我好好看看，好漂亮!"

……

在这个案例中，教师从对话中获知如下信息：奶奶给芮芮买了一条新裙子；芮芮很高兴，很得意；裙子是在新街口买的。芮芮也从对话中获知如下信息：老师也认为这条裙子很漂亮；老师也很喜欢自己的新裙子。

再如下面这段对话却没有真实信息的交换。前提是教师和全班幼儿一起做游戏，游戏开始前有这样一段对话。

教师："一个星期有几天?"

部分幼儿："七天。"

教师："还记得《星期歌》怎么唱吗?"

全体幼儿："记得。"

教师："你们知道今天是星期几吗?"

全体幼儿："星期五。"

教师："对。明天是星期几?"

全体幼儿："星期六。"

……

在这段对话中，教师提的几个问题都有正确答案，而之所以要提问是因为教师要检查幼儿的知识掌握情况，这就是典型的练习而非真实的对话。

二、语言运用环境创设的基本原则

为幼儿创设语言运用环境，教师需要把握以下原则。

1. 为幼儿提供充分运用语言的机会

幼儿的语言不是通过被动接受而学会的，而是在没有压力、非强迫的状态下，在积极、主动运用语言与人交往的过程中获得的。因此，幼儿园语言领域教育应当为幼儿创设自由、宽松的语言交往环境，支持、鼓励、吸引幼儿与教师、同伴交谈，使他们想说、敢说、喜欢说、有机会说，能得到积极应答，从而体验语言交流的乐趣，发展语言运用能力。

2. 组织多种形式的语言活动

不同的语言经验获得的方式存在一定差异，因此教师需要组织多种形式的语言活动，促进幼儿掌握语言经验。幼儿的语言习得发生在真实的交往情境中，因而以完成真实任务为目的的游戏、生活和其他类型的活动应成为幼儿园语言领域教育的组织形式，使幼儿学得更活、更有趣、更深入。相反，机械的语言训练或是机械背诵记忆，对幼儿语言乃至其他方面的发展未必具有长远效益。同时，幼儿需要掌握的语言经验有很多，因此幼儿园语言领域教育需要组织不同类型的语言活动，使幼儿有机会掌握每一种类型的语言经验。幼儿园不仅需要创设让幼儿有机会运用和练习口头语言经验的环境，还需要让幼儿有机会接触到优秀的文学作品和常见的简单标记、图画书和文字符号；不仅需要创设引导幼儿学习和掌握日常语言表达的环境，还需要引导幼儿创造性运用所学的口头语言和书面语言表达个人的生活和学习经验。

3. 保证幼儿的主体地位

语言经验是幼儿在与他人和语言材料的相互作用过程中主动建构起来的，因此创设的语言运用环境需充分保证幼儿的主体地位，使语言学习成为幼儿生活、游戏等活动的必需。要保证幼儿的主体地位，就需要教师在设计语言领域教育活动时，充分考虑语言材料与活动组织形式、幼儿发展水平和需要的适应情况，激发幼儿积极参与活动的动机和兴趣，为每名幼儿提供适合其发展特点与需要的交往环境和条件。当某些幼儿因个体发展特点而出现不适应情况时，教师可适当调整环境和条件，使之愉快积极地投入到学习活动中。

4. 充分发挥教师的主导作用

保证幼儿在语言学习过程中的主体地位并不意味着教师的无为。教师作为重要他人，在其中发挥着举足轻重的作用。教师在幼儿语言学习中的主导作用表现在激发幼儿学习语言的内部动机，为幼儿的语言学习搭建适宜的脚手架。

教师的主导作用体现在以下方面。一是提供适宜的语言材料和其他操作材料，创设适当的交流氛围，借此体现教学目标和设想，组织好幼儿与语言材料及其他材料的相互作用。二是通过提示、提问、讲述、暗示、示范等方式，指导幼儿感知和探索，帮助幼儿找到获得知识的途径，引导幼儿完成学习任务。三是在对全班幼儿提出统一要求时，要根据对每名幼儿发展特点的了解，进行有针对性的指导，争取让每名幼儿获得进步。

三、语言运用环境的创设途径

语言是幼儿在一日活动中与人相互交流的主要媒介。幼儿在交流活动中使用语言，意味着他们正在学习语言。在一日活动中，幼儿时刻都在进行语言学习。换句话说，教师在幼儿园组织一切活动都是为了给幼儿创设语言运用环境，都渗透了语言领域教育的内容。根据语言学习的不同重点，教师可通过日常活动、其他领域活动和专门的语言领域教育活动等途径为幼儿创设语言运用环境。渗透在日常活动和其他领域活动中的语言教育为幼儿创设的是对语言经验情境的巩固和深化，专门的语言领域教育活动为幼儿创设的是初步形成和简单运用语言经验的情境。

1. 鼓励幼儿在日常活动中运用语言

渗透在日常活动中的语言教育，就是充分利用幼儿的生活、游戏经验，在真实的生活或游戏情境中为幼儿提供更广泛的语言学习机会，帮助幼儿更好地运用语言，从而使其获得新的生活经验和其他方面的学习经验。渗透在日常活动中的语言教育既可以使幼儿更好地习得语言，也可以发展幼儿在日常生活、游戏中的语言交往能力，其重点在于促进幼儿与教师、同伴之间的有效语言交流。在日常生活和游戏环节，教师可通过多种方式对幼儿进行随机的语言教育，常见方式包括以下几种。

首先，就幼儿感兴趣的话题，随机与幼儿进行个别交流，使幼儿有机会锻炼理解、表达和轮流等语言运用技能。如在晨间接待时，教师与幼儿讨论自己穿的新衣服；在幼儿独立阅读时，教师与幼儿讨论图画书中幼儿感兴趣的人物或画面；在积木区，教师与幼儿讨论刚搭建的城堡。日常活动中渗透语言教育，有利于幼儿在真实运用语言的过程中发展语言运用能力。

其次，随机使用幼儿刚学到的语言结构，使幼儿有机会在不同情境中理解和运用同一语言形式。如当幼儿在某一故事中接触过"我喜欢……因为……"的句型后，教师有意识地在进餐时鼓励幼儿说一说自己喜欢吃的食物，如"我喜欢吃鱼，因为吃鱼可以让我长高"等；在幼儿玩游戏时，教师鼓励其说一说自己喜欢玩的玩具，如"我喜欢玩搭积木，因为我搭的房子特别好"等；在户外活动结束时，教师鼓励幼儿说一说自己喜欢玩的游戏；定期组织幼儿介绍和讨论大家共同感兴趣的新闻。这些活动既有利于幼儿获得这一语言结构，也有利于幼儿发展及时交流信息、完整讲述等语言运用能力。

最后，随机组织文学活动和早期阅读，使幼儿有机会随机学习书面语言。教师可开展的活动包括：定期读书给幼儿听；幼儿定期讲故事给其他幼儿听；和幼儿一起阅读熟悉的图画书；引导幼儿说一说自己喜欢看的图画书；组织幼儿讨论图画书或故事中的人物、情节；改编图画书或故事情节并进行表演；

鼓励幼儿为同一主题的绘画作品配上文字或故事；等等。

2. 引导幼儿在其他领域活动中学习语言

在每次集体教学活动的组织中，语言交往是最基本的互动方式。有时，语言的参与能起到关键作用。因此，其他领域的集体教学活动自然而然地渗透了语言教育的因素。或者说，在其他领域的集体教学活动中，语言教育也是其重要任务。其他领域集体教学活动中的语言教育主要体现在以下方面。

首先，其他领域的集体教学活动是幼儿在真实解决学习问题的过程中运用语言的主要情境，是锻炼和巩固幼儿口头语言运用能力的场所。有些领域的活动环节还重点为幼儿提供了锻炼语言运用能力的机会，如科学活动中的边做边说、科学活动后的小结、绘画活动开展前后的描述等。

其次，其他领域的集体教学活动实现语言教育的目标。《幼儿园教育指导纲要（试行）》明确将语言教育的目标写入了一些领域的目标、内容与要求中，如"乐意与人交往，学习互助、合作和分享，有同情心"（社会·目标）；"能用适当的方式表达、交流探索的过程和结果"（科学·目标）；"学习用多种方式表现、交流、分享探索的过程和结果"（科学·内容与要求）；"提供自由表现的机会，鼓励幼儿用不同艺术形式大胆地表达自己的情感、理解和想象"（艺术·内容与要求）；"为幼儿创造展示自己作品的条件，引导幼儿相互交流、相互欣赏、共同提高"（艺术·内容与要求）等。

3. 针对幼儿组织专门的语言领域教育活动

专门的语言领域教育活动是为幼儿创设的与语言进行充分互动的交往情境，使幼儿能有机会对在日常生活中获得的零碎语言经验进行提炼和深化，达到对语言规则的理解和有意识的运用，使幼儿有机会形成和学习新的语言经验。专门的语言领域教育活动是根据语言教育目标，有计划地安排和组织幼儿系统学习语言的过程，直接指向幼儿的语言发展，更明确指明语言领域教育的目标。专门的语言领域教育活动是将语言教育任务落实到每名幼儿身上并促进其语言发展的具体途径。

专门的语言领域教育活动包括谈话活动、讲述活动、听说游戏、文学活动、早期阅读，每一类专门的语言领域教育活动为幼儿创设了一种独特的语言运用情境。其中，谈话活动、讲述活动、听说游戏为幼儿创设的是口头语言运用情境，文学活动和早期阅读为幼儿创设的是书面语言运用情境。

这五种类型的专门的语言领域教育活动之间既相对独立，又相互联系。每种类型的专门的语言领域教育活动重点指向幼儿的一类语言关键经验的学习与发展，同时兼顾其他学习目标的实现。教师只有将这五种专门的语言领域教育活动相互配合和交叉使用，才能有效促进幼儿语言的发展，从而保证幼儿身心的全面发展。

第二章

幼儿语言学习与发展关键经验

第一节　幼儿语言学习与发展关键经验的内容与分类

在讨论学习与发展目标时，我们以前会使用知识、能力的表述方式，但现在则会使用关键经验的表述方式。关键经验源于高宽课程的相关研究，是指幼儿在一系列社会、认知和身体等方面发展中必不可少的经验。一种经验之所以被称为关键经验，是因为它具备了聚焦性（聚焦于某一方面的基础和中心的概念和技能）、连贯性（既能够与其他关键经验建立横向联系，又能够与后期学习的同类关键经验建立纵向联系）和适应性（适应幼儿发展特点和现有经验）三个典型特征。关键经验表现为一系列可观察的行为和经历，可作为幼儿园课程目标制定的重要依据，也可成为了解和衡量幼儿发展水平和制定幼儿园教育质量评价工具的重要指标。分析幼儿语言学习与发展的关键经验，一方面要参考已有的关于幼儿语言学习与发展的目标分类方法及具体内容，另一方面要结合幼儿语言学习与发展的特点和幼儿园语言领域教育的实践需要。

一、幼儿语言学习与发展关键经验的内容

幼儿学习语言到底要学习什么？不同时期对幼儿语言学习与发展特点的研究与认识不同，因而会出现不同的语言学习与发展目标的分类视角，导致幼儿语言学习与发展的目标也表现出差异。

（一）对幼儿语言学习与发展关键经验的早期认识

1. 语言要素视角下的幼儿语言学习与发展关键经验

20世纪60年代以前，幼儿语言发展研究仍关注幼儿对语言结构和语法的学习。研究者借鉴结构语言学的研究思路，分析了幼儿对不同语言构成成分的学习特点，认为幼儿的语言学习应当从语音、词汇、句法等开始，因此幼儿在学习语言时应学习语音、词汇、句法等语言结构要素。这种观念也影响了我国学者对幼儿语言学习与发展目标的认识。我国在20世纪80年代颁布实施的《幼儿园教育纲要（试行草案）》中对幼儿语言学习与发展目标的表述就是这种思路。

在《幼儿园教育纲要（试行草案）》中，幼儿语言学习与发展的总目标包括"培养幼儿发音清楚、正确，学习说普通话。丰富幼儿词汇，发展幼儿思维和口头语言的表达能力，初步培养对文学作品的兴趣"和"少数民族的幼儿学会本民族语言"。其中，要求幼儿在语音、词汇等方面获得的语言关键经验明显带有结构语言学的"影子"（见表2-1）。

表2-1　《幼儿园教育纲要（试行草案）》对幼儿语音、词汇学习的要求

年龄班	语　音	词　汇
小班	听懂和学说普通话，学习正确发音，培养他们逐步正确发出感到困难的和容易发错的音	丰富词汇，学习运用能理解的常用词，主要是名词、动词、人称代词和形容词等
中班	继续学说普通话，学会正确发出感到困难和容易发错的音，并注意声调	继续丰富词汇，能掌握运用更多的名词、动词、形容词、数量词、代词，学会使用常用副词（如现在、还、非常等）和连接词（如和、跟、同等），能理解词义
大班	在日常生活中坚持说普通话，注意发音和声调的正确	继续丰富词汇，掌握更多的实词，学会使用描述事物不同程度的形容词（如大的、比较大的、最大的）；学习一些常用的虚词：介词（如在、向、从等）；连接词（如因为、所以、如果等）；掌握并能运用一些同义词

从表2-1，我们看出《幼儿园教育纲要（试行草案）》要求幼儿获得的语音经验涉及发音、声调和普通话等方面，而对词汇掌握的不同要求在不同年龄班则分别体现在常用词、词义和同义词等方面，小班幼儿学习运用名词、动词、人称代词和形容词等，中班幼儿学习运用数量词、代词、副词和连接词，大班幼儿掌握更多的实词并学习一些常用的虚词和连接词。我们发现，幼儿对词汇学习的要求，从某些类型词汇的学习一直延伸到词义理解和对不同词之间相互关系（同义词）的学习。

2. 儿童语言学习系统视角下的幼儿语言学习与发展关键经验

20世纪60年代后，一些研究者开始关注语音、词法和语法以外的幼儿语言学习与发展关键经验。乔姆斯基在分析幼儿语言学习和发展特点之上，指出了语言能力和语言运用的差别。他认为，语言能力是人的认知系统中的一个子系统，与认知系统内其他子系统是平行的，并与认知系统中的另一子

系统——信念系统共同构成模块式结构。语言运用是在经验的作用下逐渐形成的，由人的信念系统决定，因个体所处的语言共同体的交往经验不同而各具特色。尽管乔姆斯基对语言运用并不重视，但是他对两个概念的区分，让后来的研究者开始关注幼儿语言的运用。

布伦姆和莱希在分析综合幼儿语言研究成果的基础上，从儿童语言学习系统的视角研究了幼儿语言学习内容的构成，创造性地提出了幼儿语言学习的三环学说（见图2-1）。我们从这个系统中可以看出，幼儿需要学习与发展的语言关键经验包括语言内容、语言形式和语言运用三个相互交叉、相互作用的方面，幼儿语言学习过程是三个方面综合一体的掌握过程，而语言内容、语言形式和语言运用又各自承担不同的任务。

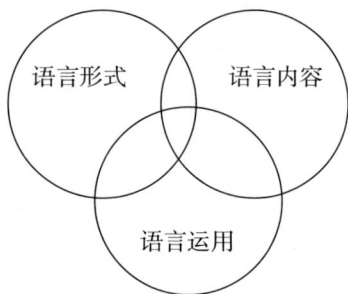

图 2-1 儿童语言学习的三环学说

其中，语言形式可理解为说或写出的话或字，是幼儿语言中约定俗成的符号系统和系列规则，包括语音、词法和句法等，这与传统的语言要素基本吻合。语言内容是指词和词相互之间在传递信息及含义时的表征关系，是语言形式传递的信息，由物体分类、物体自然关系准则和物体相互关系方式等方面构成，与幼儿已有的有关客观世界的知识经验和生活经验相互关联、相互促进、共同发展。语言运用是指在特定的情境中使用语言表达特殊的意图，包括语言的功能、目的与情境。幼儿学习语言是为了更好地交流，因此他们需要知道说什么、说的话是什么意思，还需要考虑说话情境的参与者和环境中的其他因素。幼儿不仅需要学会说（造）出合乎语法和有实际意义的句子，而且还需要学会在具体交往情境中恰当地使用这些句子。

布伦姆和莱希也明确指出，幼儿语言的发展在于语言形式、语言内容与语言运用三方面的交互作用。无论是幼儿语言的理解还是表达，都离不开这三个方面的综合作用。语言形式、语言内容和语言运用的三位一体构成了完整的幼儿语言学习与发展关键经验。语言形式、语言内容、语言运用的学习密不可分，幼儿在学习一个词或句子（语言形式）时，必须同时学习这个词或句子在特定的文化中具有的约定俗成的含义，即语言学含义（语言内容）；必须了解其在一定情境中表达的具体含义，即情境意义（语言运用）。

（二）语用视角下的幼儿语言学习与发展关键经验

有研究者从另外的角度分析了幼儿语言学习与发展需要获得的关键经验。幼儿学习与发展语言就是为了获得语言运用的流畅性、准确性和敏感性。语言运用的流畅性是指在实际交往情境中熟练使用语言以实现交往目的的能力，语言运用的准确性是指正确掌握语言形式的能力，语言运用的敏感性是指对自己使用的语言形式的正确性和恰当性做出正确判断的能力。

20 世纪 80 年代以后的多项研究结果表明，在这三种能力发展或内容学习过程中，语言运用的流畅性或语言运用能力的获得是核心，是幼儿语言学习与发展的源泉。语言运用的准确性与敏感性或语言形式与内容，是在语言运用过程中逐渐获得的。这些研究成果在后来的幼儿语言学习与发展目标的相关研究或一些国家的幼儿学习标准中都有很好的体现。

如我国在 2001 年颁布的《幼儿园教育指导纲要（试行）》明确指出，幼儿的语言是在运用的过程中发展起来的，并没有延用《幼儿园教育纲要（试行草案）》中发音清楚正确、丰富幼儿词汇等提法，降低了在语音、词汇等语言形式方面的学习要求，从愿意倾听并能理解别人的讲话、能清楚地说出自己的想法与经验等方面明确了语言运用能力培养的具体要求。同时，《幼儿园教育指导纲要（试行）》要求引导幼儿体验语言交流的乐趣，激发幼儿用清晰的语言表达自己的思想和感受。

二、幼儿语言学习与发展关键经验的分类

对语言运用的分析角度不同，导致对语言学习与发展关键经验的分类不尽相同。常见的分类标准包括基于语言使用方式的分类和基于语言使用功能的分类。

1. 基于语言使用方式的分类

语言使用方式是指幼儿在使用语言时，主要借助身体感觉通道。倾听经验获得主要运用听觉器官，表达经验主要使用的是声带和口唇、舌头、鼻腔、咽喉等辅助器官，阅读经验的获得主要依靠视觉，书写经验的获得则需要手指、手腕、肘关节、眼睛等身体器官的协调参与才能完成。这种分类方式目前最为普遍，其他几种分类方式也是基于这种方式发展而来的。

《3—6岁儿童学习与发展指南》就是按照这种方式描述幼儿语言学习与发展目标的。其中，"倾听与表达"的目标1"认真听并能听懂常用语言"属于倾听经验，目标2"愿意讲话并能清楚地表达"属于表达经验，目标3"具有文明的语言习惯"包含了倾听和表达两类经验；"阅读与书写准备"的目标1"喜欢听故事，看图书"和目标2"具有初步的阅读理解能力"属于阅读经验，目标3"具有书面表达的愿望和初步技能"属于书写经验。

有些研究将倾听、表达进一步分解为对话技能、使用词汇和语法的技能，将阅读分解为文字概念（文字意识）、语音意识、字母和单词规则、阅读兴

趣和图画书理解与分析、故事结构理解等，将书写分为尝试书写、书写技能、书写策略等。如戈登等人提出，幼儿的语言学习与发展经验包括以下方面。

第一，清楚的发音和吐词。它是将不同的声音连接为词的关键。研究发现，85%的幼儿在说话时都有发音和吐词不清、发音重叠的现象。在成人的指导下不断练习，幼儿才能逐渐学会清楚而流利地发音和吐词。

第二，接受性语言。它是指幼儿在倾听和理解过程中获得的语言，这种经验能帮助幼儿理解指令、回答问题以及理解系列事件，有助于幼儿理解事物或者事件之间的关系，预测行为后果，同时发展通过倾听他人语言形成心理表象的能力。

第三，表述性语言。它是指运用字词、语法以及多种复杂的语言形式表达个人想法、感受和意图，具体包括在命名、描述动作与事件及其细节或个人感受过程中扩展知识和丰富词汇，在倾听和运用的过程中获得有关语序、语气等方面的语法结构知识，在描述、说明、交往和叙事等语言活动中增加语言的复杂性。

第四，书面语言或图形化语言。它包括字母知识、文字意识和语音意识等，这些是幼儿在成人给他读书、幼儿看成人阅读与书写或看周围环境中用于记录、传递想法的文字时获得的。

第五，从使用语言的过程中获得乐趣。它包括从参与讨论、向他人提问、听故事或笑话中获得乐趣。从使用语言的过程中获得乐趣能够激发幼儿学习与发展语言并从事早期读写活动的动机。

总之，接受性语言属于倾听经验，表述性语言属于表达经验，书面语言或图形化语言属于早期读写经验。从使用语言的过程中获得乐趣虽是一种情感表现，但在严格意义上说，仍属于表达经验。

此外，最早使用关键经验概念的高宽课程在制定语言学习目标时，也是采用这种方式对语言学习与发展关键经验进行分类。高宽课程中列举的语言学习与发展关键经验包括以下内容。

＊理解：理解语言。

＊表达：使用语言进行表达。

＊词汇：理解并使用不同的单词和词组。

＊语音意识：从听到的语言中辨认出独立的音素。

＊字母知识：辨别字母的名称和发音。

＊阅读：为快乐或获取信息而阅读。

＊文字功能意识：说的话可以被记录并重新读出来，意思不变。

＊文字概念：具有有关周围环境文字的知识。

＊图画书知识：对图画书有一定的了解。

＊书写：为了不同的目的而假装书写。

2. 基于语言使用功能的分类

幼儿之所以学习语言，其中一个主要的原因是他们希望借助语言实现自己的交往目的和意图。研究表明，人类使用语言进行交往，就个人而言，可以实现传达信息、沟通思想、沟通感情、满足心理需要等功能；就社会而言，可以为人类的社会活动提供支持，也可为人们成为某一文化群体、社会特殊群体或某一机构的一员提供支持。

韩礼德提出了幼儿语言的七种功能。为了顺利实现与他人进行交流的目的，幼儿需要学习如何实现这些功能。七种功能如下。

第一，工具功能。它是指语言作为一种办事的手段，满足需要的手段，这是一种"我要"的功能。如幼儿使用"我要吃饭""爸爸，你有巧克力吗"等，就是为了满足某种需要。

第二，调节功能。它是指用语言调节他人的行为，如要求别人做事等，这是一种"照我说的做"的功能。如幼儿使用"你喝牛奶"来让妈妈喝自己的牛奶，使用"别拽猫咪的尾巴"来阻止同伴的行动。

第三，互动功能。它是指使用语言与周围的人进行日常交往，如打招呼、聊天、品头论足和讨论等，这是一种"我和你"的功能。如下面 4 岁女孩与爸爸之间的对话。

> 爸爸："小宝贝，你长大了想干什么？"
>
> 女儿："我不知道……我想……我要擦地……我……"
>
> 爸爸："擦地？是什么？"
>
> 女儿："你知道……你不工作吗？"
>
> ……

在这段对话中，女儿使用这些语言仅是为了与爸爸聊天，爸爸也没有希望 4 岁的女儿能够清楚地回答"你长大了想干什么"的问题。

第四，个人表达的功能。它是指使用语言表达自己的情感、发现自己，如陈述自己或自己与别人的关系（我爱妈妈）、希望别人对自己做出衡量（我是好孩子吗）、衡量自己在周围环境中的地位或状况（小红现在很累了），这是一种"我来了"的功能。

第五，启发功能。它是指使用语言发现周围环境、认识客观世界，如经常问"这是什么""为什么"等问题，满足不断增长的求知欲望，这是一种"告诉我原因"的功能。

第六，想象功能。它是指使用语言与环境建立联系，创造他们自己的世界，如使用语言进行故事编构、游戏、表演等，这是"让我们装扮"的功能。

第七，信息传递功能。它是指使用语言传递信息，这是成人语言的最主要功能，但幼儿获得最晚。这是"我有话告诉你"的功能。

从语言使用功能出发描述语言学习与发展关键经验时，我们通常使用理解（指令）、解释、讲述、要求、劝导等词汇。如基于多元智能理论的"光谱计划"将幼儿语言学习与发展目标划分为有创意地讲故事，描述性语言、报道，运用诗歌的巧妙语言，具体包括如下内容。

第一，有创意地讲故事：在讲述时运用想象力和创造力；喜欢听故事和讲故事；表现出对编写故事情节、刻画人物形象和人物心理、描述场景和人物活动以及对话的兴趣和与此相关的能力；表现出表演装扮的能力和表演天赋，包括能表演不同风格、富有表现力和扮演各种角色的能力。

第二，描述性语言、报道：准确、连贯地叙述时间、情感和经历（如采用恰当的先后次序和适当的细节，能区分想象和事实）；准确地说明、描述事物；对描述事物的发生、发展过程感兴趣；进行合理的争论和询问。

第三，运用诗歌的巧妙语言：喜欢并善于运用相关、押韵和隐喻等巧妙语言；会玩音义游戏；表现出学习新词汇的兴趣；幽默地使用词汇。

以上不同视角的幼儿语言学习与发展关键经验分类各有特点，我们在实践中吸取了上述不同分类视角的各自合理性，根据"语言是在使用中学习的"特点，从不同情境中的语言使用情况出发，将幼儿语言学习与发展关键经验分为口头语言关键经验和书面语言关键经验。

第二节　口头语言关键经验

口头语言关键经验是幼儿在听和说的过程中获得的，这种关键经验包括谈话经验、讲述经验和语言游戏经验。每一种口头语言关键经验对幼儿口头语言发展的作用不完全相同，分别指向口头语言的不同能力方面，发展指标也不完全相同。

一、谈话经验

谈话经验是指两个或两个以上的人围绕某一话题，在使用语言与他人进行信息交流的过程中获得的语言使用经验和结果，是一种与他人进行即时交流的经验。幼儿在语言发展过程中会逐步获得各种口头语言经验，而当进入幼儿园后，虽已具备初步的语言理解和表达能力，但与他人交谈的能力却仍处于萌芽阶段。因此，谈话经验的获得是幼儿口头语言学习的主要内容之一。

（一）谈话经验的特点

谈话经验包含了其他口头语言经验不具备的一些要素，如有趣的中心话题、轮流谈话、真实的信息交流、语言使用的流畅性、对语境的敏感性。

1. 有趣的中心话题

谈话经验是一种社会交往经验。谈话经验丰富的幼儿在一定的时间内能够围绕一个有趣的中心话题与他人交流信息。有趣的中心话题包含三层意思。第一，幼儿对中心话题具有一定的经验基础，可以使幼儿有话讲。完全陌生的话题不可能使幼儿产生谈话的兴趣。第二，有一定的新鲜感。让幼儿感兴趣的话题往往和新颖的生活内容有关。曾经反复提起和谈论的话题，不会引起幼儿的强烈关注。第三，与幼儿近日生活中的关注点有关。在一定时期内，幼儿生活中出现的某些大家共同经历的事，会让幼儿产生交流和分享的愿望，该事也会成为有趣的中心话题。如教师在组织集体活动前的过渡环节，与幼儿进行了如下对话。

教师："你猜猜老师为什么喜欢星期六？"

幼儿1："出去玩。"

教师："去哪儿?"

幼儿1："动物园。"

幼儿2："游乐园。"

幼儿3："看电影。"

(随后，多名幼儿说出了自己的答案。)

教师："一个接一个地说。"

(还是有多名幼儿抢着说，说的话也听不清。)

幼儿4："去天通苑。"

幼儿5："会去龙德广场……现在不住啦。"

教师："龙德广场有什么?"

幼儿5："那个……游乐场。"

教师："接下来去哪儿?"

幼儿6："游乐场。"

教师："除了去游乐场，还去哪儿?"

幼儿6："野生动物园。"

……

上面关于"周末去哪儿玩"的谈话满足了谈话活动主题的三个条件，更是幼儿感兴趣的话题，因此能够激发幼儿参与谈话活动的积极性，锻炼幼儿的谈话技能。

2. 轮流谈话

轮流谈话是谈话经验的又一主要特点。只有两个或两个以上的行为主体，通过相互了解、共同协调相互之间的关系，才能称得上谈话，这也是谈话的基本原则，更是谈话的本质所在。因此，成功的谈话需要参与者具有共同的有关语言表达的知识，在运用语言进行表达时分享共同的规则。

轮流是谈话的重要规则。幼儿在学习谈话经验时需要意识到这一规则的存在，并逐渐遵守和运用这一规则。一些幼儿在和其他幼儿谈话时，经常出现抢着说或者别人没有说完自己就说的现象，一些教师将幼儿的这种行为称为"插嘴"，认为这是一个不好的习惯。如一名教师提到："插嘴是很不好的习惯，对个人和集体都不利。插嘴干扰了别人的正常说话，给集体带来了混乱，是一种无序的状态。对个人而言，幼儿只是在一味的表达，根本不去倾听，也不利于幼儿学会倾听。轮流是一个很好的习惯。"其实，一些幼儿之所以出现这种行为，是因为他们还没有完全掌握轮流谈话的技能。

3. 真实的信息交流

谈话是真实的信息交流。在谈话过程中，幼儿围绕自己感兴趣的话题，自由地表达个人见解，而不是重复别人说的话。无论幼儿的原有经验怎样，无论幼儿用什么样的表达方式谈话，他们说出的一定是自己想说的话。如乐乐（3岁，男孩）高兴地从幼儿园出来，和妈妈进行了以下对话。

乐乐："妈妈，我今天认识了一个新朋友，叫王媛媛。"

妈妈："真好，你和你的新朋友玩了什么游戏啊?"

乐乐（撇了撇嘴，不高兴）："我们没有玩。"

妈妈："没关系，幼儿园的车不够所有小朋友一起玩，你今天没有玩，可以明天玩。"

乐乐："妈妈，我知道，好的东西要和别人一起分享，不能只顾自己。"

……

无论是妈妈还是乐乐，他们说出的话都是对方不知道的内容。乐乐告诉妈妈，自己交了一个新朋友、和新朋友在幼儿园没有玩成游戏、在妈妈的劝说下接受了妈妈的建议。

再如教师借助"星期六做的开心事"这个与幼儿已有经验相关的主题去开展活动时，幼儿谈话的积极性很容易被激发出来。这样的谈话既让幼儿获得有话想说的机会，使他们能够与教师、同伴分享自己的经验，掌握保持同一话题的技能。

教师："你们为什么喜欢星期六？你和谁一起做开心的事？和谁一起去？"

幼儿1："我妈妈带我去动物园。"

教师："谁想去动物园？海洋馆在哪儿？"

幼儿2："动物园里面……"

教师："动物园里有什么？我们一起开车去动物园，谁想去？开车去动物园，你去不去？"

幼儿2："动物园可好玩了，咱们一起去吧！"

教师："Hello，小斑马！Hello，老虎！Hello，大象！"

幼儿3："呜，呜，呜……"

教师："学大象。"

幼儿3："长长的鼻子。"

教师："星期六还可以做什么开心的事？"

幼儿4："看电影。"

……

真实的信息交流通常发生在宽松的交流氛围中。很难想象，没有宽松的交流氛围，还会出现下面的这两段对话。

对话一。幼儿园过渡环节，教师帮助陈威整理衣服。

陈威："老师，我爸爸说，穿白鞋太老土了。"

教师："什么？"

陈威："我爸爸说，穿白鞋太老土了。"

教师:"老土啊……"

陈威:"嗯。"

教师:"这样整齐,看起来很清爽。"

……

对话二。佳佳(3岁,女孩)搂着妈妈。

佳佳:"妈妈,你张开嘴。"

妈妈:"干嘛呀?"

佳佳(在妈妈身上来回晃动,然后自己张开嘴):"妈妈张开嘴,张开嘴!(做出坏笑的动作)啊……这样!"

妈妈:"张开嘴?不张!"

佳佳:"你张开嘴,我要把口水吐里面!"

……

4. 语言使用的流畅性

谈话经验关注的重点是语言使用的流畅性,而不是语言使用的准确性,因此谈话并不能锻炼幼儿准确使用语言的能力。在谈话过程中,不规范、不完整的语言甚至是不正确的词汇、句式经常会出现在幼儿的语言中。如在下面的谈话中,幼儿的每次回答只使用了一个词"梯子"或"救火",但并没有影响信息的交流,反而使交流更加顺畅。

教师:"你们看消防车上面有什么?"

幼儿:"梯子。"

教师:"这个梯子是用来干什么的?"

幼儿:"救火。"

……

如果教师一味要求幼儿说完整,要求幼儿使用"消防车上面有梯子""梯子是用来救火的"等完整句子,那么幼儿很可能没有兴趣再继续交谈。

5. 对语境的敏感性

谈话发生在一定的语境中。要让人们使用语言交谈达到相互理解与沟通的目的，就需要超越语境。语境即社交语境，主要指说者使用语言和听者理解语言的主客观共处环境，既包括双方话语的上下文，也包括双方的各自期待、设想、信念、记忆等；既包括交际当时的地点场所、事态状况等空间条件、时期、时刻等时间条件，也包括听说双方使用的交际手段、接触方式等媒体条件和影响听说双方的各种心理条件。语境是语言交际双方的共有前提，直接影响交际双方对话语的理解和表达。如果他们对语境有足够的了解并能恰当利用，那么就能获得较好的语境效果，交际活动也能取得成功。

语境在交际中有解释和筛选两个功能。语境的解释功能是指语境能够帮助听者利用语言以外的因素所提供的信息进行思辨、推理，从而了解说话者意图传达的全部意义。语境的筛选功能是指语境可以引导说者选择或调整语言的表达方式，做到语言礼貌、得体，让听者对所说话语的意图明白无误。正是语境的这两种功能，使得语境在交际中占有举足轻重的地位。

对幼儿来说，形成对语境的敏感性并能借助语境理解他人的语言、利用语境选择恰当的语言，都是非常重要的谈话技能。如一名 4 岁幼儿在电话中回答爷爷的提问。

> 爷爷："你几岁了？"
>
> 孙子（伸出四根手指）："就这么大。"
>
> 爷爷："啊？"
>
> 孙子（还是伸出四根手指）："就这么大。"
>
> 爷爷："那是几呀？"

孙子："四。我要换一个耳朵了，好不好?"

爷爷："好的。你的耳朵累了吗?"

孙子（指着左耳朵）："是的，就这个。"

在回答爷爷的问话时，幼儿用"伸出四根手指"代表"就这么大"，"指着左耳朵"代表"就这个"，好像爷爷在自己身边一样。很显然，幼儿对语境的变化并不敏感，说明这种能力还比较欠缺。

而在下面的案例中，佳篪（3岁，女孩）对语境的利用并不成功。对话背景是当天下午6点前，佳篪一家人在香港迪士尼乐园玩了一天，准备回宾馆。

爸爸："我们准备离开了，你可以最后选择一个游乐项目玩。"

佳篪："我要玩那个唐老鸭。"

（爸爸妈妈没有明白女儿指的是哪个游戏项目。）

佳篪："就是像上课似的，戴眼镜的那个，明白了吗?"

（爸爸妈妈恍然大悟，原来佳篪今天第一次看了4D电影，放映的电影中有唐老鸭形象。）

（二）谈话经验的内容

谈话经验的内容主要包括日常交谈经验和辩论经验两类。

1. 日常交谈经验

日常交谈经验也称为聊天式谈话经验，是指在日常生活交往情境中使用语言的经验。日常交谈经验是幼儿语言学习与发展水平的重要标志，也是幼儿社会交往能力发展的重要方面，是幼儿在园获得的一种重要经验。日常生活的所有活动，只要伴随风趣、词汇丰富的交谈，就会在幼儿的语言学习与发展过程中发挥重要作用。日常交谈经验是幼儿参与交往活动的必备条件，不具备基本的日常交谈能力的幼儿很难适应幼儿园的集体生活。同时，日常交谈经验也是幼儿早期读写学习的基础。在《3—6岁儿童学习与发展指南》的语言领域中，日常交谈经验的学习要求提及最多。

从日常交谈经验中获得的语言能力也是日常交往能力。具备日常交往能力意味着幼儿能够感知和理解说话者语言中的细微变化，并做出恰当的反应，这要求幼儿要掌握有关语言结构及其使用范围的知识、有关特殊情境中合适的社会行为规则的知识、有关谈话双方共知的知识背景以及自己在其中的位置和理解说话人的语言和社会行为的能力，同时具备判断哪些是合适的、哪些是不适合的能力，以及根据具体情境做出反应或参与交往的能力等。

幼儿需要获得的日常交谈经验既包括积极与人交流的情感态度和耐心倾听、积极发问的习惯，也包括使用普通话和有关语言形式的知识，还包括理解他人说话的主要内容并能养成及时做出反馈、使用恰当的语言与他人及时主动交流经验或想法、根据说话对象和场景的不同及时调整说话语气和说话方式、轮流交谈等习惯。

从入园开始，幼儿获得的日常交谈经验逐渐丰富，但学习和发展的重点各有侧重。3—6岁幼儿日常交谈经验的关键指标见表2-2。

表2-2 日常交谈经验的关键指标

年龄段	关键指标
3—4岁	1. 基本会说本民族或本地区的语言 2. 能听懂日常会话 3. 别人对自己说话时，能注意听并做出回应 4. 愿意在熟悉的人面前说话，能大方地与人打招呼 5. 愿意表达自己的需要和想法，必要时能配以手势动作 6. 与别人讲话时知道眼睛要看着对方 7. 说话自然，声音大小适中 8. 能在成人的提醒下，使用恰当的礼貌用语

续表

年龄段	关键指标
4—5岁	1. 在群体中能有意识地听与自己有关的信息 2. 能结合情境感受到不同语气、语调所表达的不同意思 3. 方言地区和少数民族地区幼儿能基本听懂普通话 4. 愿意与他人交谈，喜欢谈论自己感兴趣的话题 5. 会说本民族或本地区的语言，基本会说普通话。少数民族聚居地区幼儿会用普通话进行日常会话 6. 当别人对自己讲话时，能回应 7. 能根据场合调节自己说话声音的大小 8. 能主动使用礼貌用语，不说脏话、粗话
5—6岁	1. 在集体中能注意听教师或其他人讲话 2. 当听不懂或有疑问时，能主动提问 3. 能结合情境理解一些表示因果、假设等结构相对复杂的句子 4. 愿意与他人讨论问题，敢于在众人面前说话 5. 会说本民族或本地区的语言和普通话，发音正确清晰。少数民族聚居地区幼儿基本会说普通话 6. 当别人讲话时，能积极主动地回应 7. 能根据谈话对象和需要，调整说话的语气 8. 懂得按次序轮流讲话，不随意打断别人 9. 能依据所处情境使用恰当的语言，如在别人难过时会用恰当的语言表示安慰

2. 辩论经验

辩论经验也称为争论式谈话经验，是指辩论双方在辩驳争论问题的是非过程中使用的语言经验。在辩论过程中，见解不同的人彼此阐述理由，及时辩明观点。由于辩论需要参与者具备丰富的相关知识、综合运用质疑、反驳等辩论技巧，因此幼儿获得的辩论经验是粗浅的，主要是利用语言进行讨论和争论的经验。研究发现，参与辩论活动可以锻炼幼儿的口头语言表达能力和灵活运用语言的能力，有利于幼儿分析能力、发散思维和批判性思维的萌发。对于社会性发展相对较差的幼儿来说，参与辩论活动还能锻炼其勇气，增强其独立性。

幼儿对外界事物的认识通常是从"是什么"等问题开始的，但到了四五岁时，幼儿开始大量出现"是真的吗""为什么"等问题。对外界事物的好奇、独立探究以及对他人观点的质疑奠定了幼儿学习辩论经验的认知基础。相对于日常交谈经验来说，辩论经验出现较晚，发展较慢。幼儿期发展起来的辩论经验主要包括参与辩论的意愿、尊重辩论规则与他人观点、坚持个人观点的态度、倾听并理解他人观点、表达和解释自己观点、说服他人接受自己观点以及掌握解释自己观点和反驳他人观点的方法与策略等。

幼儿的辩论经验以日常交谈经验和认知发展为基础，虽然存在明显的个体差异，但总体的发展规律是，辩论经验的萌芽发生在中班，到大班得到丰富。如下面发生在母女之间的对话。

　　妈妈："西西，他不是你亲爸爸，周杰伦才是你的亲爸爸。"

　　西西（不高兴）："你……嗯……你跟谁结的婚呀……你是跟谁生的我啊？"

　　妈妈："跟周杰伦啊！"

　　西西（哭）："骗子。如果你再这样的话，我给你扔出去！是谁开车？你看看，是谁开车带我们出去的呀？你看看前面。"

　　妈妈："是谁啊？"

　　西西："是我爸爸。"

　　（西西边哭边挥动双手打妈妈。）

　　妈妈："他也不是你爸爸，你整天打他，是不是？"

　　西西："骗子。"

　　妈妈："谁是骗子啊？"

西西："你。"

妈妈："为什么?"

西西："因为你说爸爸的坏话了。"

妈妈："那你每天不是说他的坏话吗? 你每天还要打他呢!"

西西："我现在没有打他,你现在打了。"

妈妈："你是真的生气,还是'演员'演的呀?"

西西："我真的生气。"

妈妈："为什么呀?"

西西："我不是演的,我真的生气,因为我流眼泪了。"

……

在这段对话中,西西(4岁半,女孩)清楚地说明了"我很生气""妈妈是骗子"两个观点,反驳了妈妈的"你爸爸是周杰伦""你说了爸爸的坏话""你是演的"三个观点,对自己的每个观点给出了至少一个理由。具体的辩论过程见表2-3。

表2-3　西西与妈妈的辩论过程

观　　点	理　　由
1. 我爸爸不是周杰伦	1. 与妈妈结婚的人才是爸爸; 2. 和你一起生下我的那个人才是爸爸; 3. 你的老公是开车的那个人(这个开车的人实际上是与你结婚的人); 4. 开车的人是我爸爸
2. 我很生气	1. 你说爸爸的坏话; 2. 你不做爸爸的老婆
3. 妈妈是骗子	你说了爸爸的坏话
4. 我没有说爸爸坏话	我现在没有打爸爸
5. 我不是演的	我流眼泪了

西西具有比较丰富的辩论经验,但是大多数四五岁的幼儿并没有达到她这样的水平。幼儿的辩论经验的关键指标见表2-4。

表 2-4 辩论经验的关键指标

年龄段	关键指标
4—5 岁	1. 愿意并能够将自己的观点说出来 2. 了解别人与自己的观点可能不同 3. 理解他人的观点 4. 尝试使用语言而不是通过哭、闹等方式反驳与自己不同的观点
5—6 岁	1. 能使用合适的语言清楚表达自己的观点，有意识说明自己的理由 2. 愿意并能集中注意去倾听他人观点及其表述的理由 3. 尝试使用不同理由解释自己的观点，尝试运用不同的策略说服他人接受自己的观点 4. 愿意遵守辩论规则 5. 正确理解并尊重他人的观点

二、讲述经验

讲述经验是指通过思考和构思，在完整表达自己对讲述对象的感受和想法的过程中获得的语言运用知识、态度和能力。讲述经验锻炼的是幼儿的独白语言能力。在讲述过程中，幼儿有机会逐渐学习在集体面前独立讲述自己的想法，把一事、一物、一个人或一个道理讲清楚，而幼儿的语言表述能力也在这个过程中得到逐步发展。

讲述语言的独白特性，要求幼儿的口头语言表述经历这样的过程：从独立完整编码到独立完整发码。所谓独立完整编码，即幼儿按照所要表达的内容选择词语、组成话语。讲述语言的独白要求幼儿独自说一段完整的话。所谓独立完整发码，即幼儿通过自己的发音器官，以口头语言的方式将自己构思的讲述内容说出来。以现代信息论看待讲述的语言交际过程的话，独立完整编码在于把认知的信息变成一连串有意义的、联系在一起的语言符号，独立完整发码又是将这些成串、成段的符号准确无误地发送、传递出去，这个过程对幼儿来说，是有一定难度的。

因此，讲述语言的要求比谈话语言的要求高，并且建立在一般交谈之上。幼儿要在谈话活动和日常交谈中发展自己运用语言与人交往的能力，也需逐步具备一定水平的讲述能力。

（一）讲述经验的特点

1. 对讲述对象的理解

讲述活动是基于对讲述对象的理解，给幼儿规定讲述的中心内容，使他们的讲述具有明显的指向性。如教师提供图片，幼儿根据图片讲述"快乐的星期天"，按照图片展示的内容叙述星期天发生的事情以及主人公如何做、怎样感到快乐等。

讲述需要借助对特定讲述对象的理解。成人讲述一件事，可以凭借当时出现在眼前的实物、情景，也可以凭借脑海中留存的记忆。但幼儿由于已有经验和表象积累不足，所以在讲述过程中，他们不能完全凭借记忆进行讲述，否则会出现两种情况：或者幼儿因记忆中的材料不够而无法达到讲述要求，或者幼儿因集中注意搜索记忆中的经验而忽视了对讲述内容的组织以及正确表达。因此，讲述需要有一定的对象。讲述对象可以是实物、事件、场景或者图片。幼儿通过观察理解实物、事件、场景、图片的基本内容，通过回忆理解需要讲述的内容，为编构故事奠定基础。

2. 相对正式的语言

与谈话经验不同的是，在讲述过程中，幼儿需要面向集体使用相对正式的语言进行清晰、连贯的表达。相对正式的语言具有以下特点：第一，语言准确，没有明显的可能引起歧义的语言结构；第二，语言结构较为复杂，通常需要使用结构严谨和意义完整的语言；第三，讲述的内容具有一定的逻辑性，前后语句在意思上相互关联。如下面是 6 岁幼儿的看图讲述内容。

　　"从前有一只小老鼠，他从……他在山里散步的时候，抱了一个大鹅卵石，可是他又看见了一个东西。他以为那是一根水管，或者什么东西，就想把那个大鹅卵石放在那里保管。可是呢？大象……原来是大象的鼻子。大象就在那里玩耍，可是他觉得鼻子有点不舒服，所以把鸡蛋和小老鼠一起喷了出来。第三天，他又看见了那个大洞，想……想……想……觉得那是他奶奶的家，所以他就……所以他就想把那个鸡蛋放在那里，当……当作他的家。可是，他看着看着，把那个大鸡蛋踢走了，所以他……那个……嗯……小老鼠跑呀跑，终于追着了鸡蛋。幸好他……幸好他的鸡蛋没有落水。"

　　虽然该名幼儿的讲述总体水平不高，但是讲述内容已具备了故事雏形，有人物、事件（情节）及其事件之间的联系，有故事的发展和结局，而且语言表达比较准确。他也试图尝试将前后不同的情节（将每幅图上的内容编构成一个情节）通过"可是""然后""所以""终于"等词建立联系，显示出一定的表达逻辑性。

　　3. 说出自己的经历或想法

　　讲述并不是通过回忆复述他人的话，而是根据自己对讲述对象的理解讲述自己的想法。对同一个讲述对象，幼儿的理解不同，讲出的故事不仅在内容上不完全相同，其讲述的方法、使用的语言也不一样。如荷荷（5岁4个月，女孩）在看过《母鸡萝丝去散步》后，编了如下故事。

　　"这本书讲的是……一只狐狸要追一只鸡。结果，这只狐狸特别倒霉，他被房子的板压了。结果，狐狸跳出去捉那只公鸡。结果，那只狐狸突然跳到了那个耙子上。然后，他继续追那只公鸡。然后，那只狐狸掉到水塘里了。然后，他又在草堆上要抓它。'扑哧'，草堆散了，狐狸被压在草堆下面了。然后，他又追那只公鸡。然后，面粉撒了，他继续追那只公鸡。然后，他就在那个小车上。然后……然后，那只公鸡回窝了。他还撞倒了所有的房子，蜂箱里的蜜蜂去追他（用手比画狐狸坐车滑下来的样子），他回窝了。"

同样一本书，兰兰（4岁1个月，女孩）讲述的故事是这样的。

"这本书的名字叫……这个鸡笼子，门打开了，还有两辆车。然后，鸡跑出去了。然后，这个猫想吃鸡，就跟着他跑。猫跳着都抓不着鸡，最后撞到了树干上。你看，撞这了。然后他差点掉到水里。他又跳到草地上。看，这个猫掉进草里了。然后，有一个包拴住了鸡。然后，包里掉出来好多面，把狐狸压倒了，然后跳了。然后，这里有好多包，都洒了。他不知道，自己跳到车里了，好多蚊子要咬他。然后，小蚊子的房子倒了。鸡又逃进鸡笼子里了。"

由于荷荷和兰兰看的是同一本书，因此她们对多数故事情节的理解是相同的，但对其中的一些细节却存在理解上的差异，如对故事角色的理解存在差异。荷荷认为故事里有狐狸、公鸡和蜜蜂，兰兰认为故事讲的是有关猫和鸡的故事，里面还有蚊子。因此，幼儿可以根据自己的理解讲述自己理解的故事，而不是去试图理解他人讲述的故事并复述出来。

4. 独立构思

与谈话过程不同的是，讲述过程通常是一个人讲给多个人听，信息的交流明显具有单向性，讲述人的话语相对较长。因此，参与讲述活动需要幼儿学会使用独白语言，需要幼儿独自构思和表达对某一讲述对象的完整认识。成功的讲述需要经历"感知理解讲述的对象——寻找连接不同内容之间的可能线索——按照确定的线索编构讲述的内容——选择合适的语言进行表达"等过程。中间的两个环节就是构思的过程。但是，独立构思需要多种认知的参与，构思水平与幼儿的思维发展直接相关。

如在大班的排图讲述活动中，即使是面对同样的四幅图，不同的幼儿根据自己对画面的理解，也能找到自己认为合理的线索，构思出自己的故事。表2-5列出的是4名幼儿找到的故事线索，代表了四种不同的编构思路，它们都具有一定的合理性。

奇 怪 的 洞

挂图 1

挂图 2

挂图 3

挂图 4

表 2-5 4 名幼儿的讲述顺序和故事线索

讲述顺序	故事线索
3—4—1—2	小老鼠找到食物（馒头）回家，左看右看，不能确定看见的洞是否是他的家。他进去看，不小心把馒头弄掉了，就开始追。正在河边睡觉的大象觉得鼻子痒，打喷嚏，把小老鼠和馒头一起喷出来。大象告诉小老鼠，他弄错了
2—3—4—1	小老鼠发现了鸡蛋和洞，觉得洞非常奇怪。小老鼠就往里看。他不小心碰了鸡蛋，鸡蛋滚进了管子里，小老鼠就追。一股风把小老鼠吹出来，小老鼠发现自己将大象鼻子当作管子了

续表

讲述顺序	故事线索
1—3—4—2	大象和小老鼠抛鸡蛋。小老鼠一不小心把鸡蛋扔到了大象的鼻子里。小老鼠想抓住鸡蛋，但抓不到。满头大汗的大象觉得鼻子痒，一打喷嚏把小老鼠和鸡蛋喷了出来。小老鼠不知道怎么回事，抱起鸡蛋哈哈大笑
4—2—3—1	小老鼠在大桥上追大鸡蛋。到了草丛里，鸡蛋终于被追上了。小老鼠发现了一个大洞，把鸡蛋放进去。鸡蛋滚了进去，小老鼠就追。大象的鼻子痒，打一喷嚏，小老鼠追过去，大象帮他接住了，小老鼠又和大象一起玩去了

（二）讲述经验的内容

幼儿的讲述主要有两种形式，即叙事性讲述和说明性讲述，因此他们获得的讲述经验也包括叙事性讲述经验和说明性讲述经验两类。

1. 叙事性讲述经验

叙事性讲述经验是指编构和讲述故事的经验，包含一系列语言和认知能力，如编排情节、通过连接词的使用使前后情节保持联系、使用丰富词汇、不借助额外的语言、支持表达观点或想法、理解因果关系、使用与文化背景相适应的故事讲述模式等。研究发现，幼儿的叙事性讲述能力水平的高低可以预测其进入小学后的语文、数学成绩，也能促进幼儿的社会性发展，因此是幼儿语言、认知和情感发展的重要标志。

2—6 岁是幼儿获得叙事性讲述经验、发展叙事性讲述能力的关键时期。两岁幼儿可以在他人的帮助下说出过去的事情或者自己的故事。到五六岁时，幼儿的讲述经验更加丰富，他们能够讲述一些情节更加复杂的故事。

叙事性讲述既可以是对个人经历过的事情的描述，也可以是通过想象创编故事。完整的叙事性讲述对讲述者的认知和情感要求较高，所以需要讲述者高水平的认知参与并具有丰富的情感色彩。因此，尽管幼儿可以进行简单的讲述，但其讲述水平与成人还是存在明显差距。

叙事性讲述经验的获得以幼儿的已有生活、游戏经验为基础。在听故事和阅读图画书等活动中获得的经验在叙事性讲述经验的发展中也起着重要作用。如果说个人经历和生活游戏经验为幼儿的叙事性讲述提供了内容素材，那么在文学活动和早期阅读中获得的经验则为幼儿提供了讲述思路和语言编构经验。如甜甜（2岁半，女孩）通过想象绘声绘色地讲述："一个小朋友在窗台上面玩，一不小心掉到了地上，摔得哇哇乱叫。"据了解，甜甜一家人在不久前的一个周末去动物园玩，看见猴山上有许多猴子嬉戏玩耍。猴妈妈带着小猴子上蹿下跳，玩得不亦乐乎。猴山中间有一根悬空的绳子，许多猴子用长长的手臂和尾巴灵活地从绳子上走过，小猴子也跃跃欲试地想走过去，但一不小心从绳子上掉了下来，摔得哇哇乱叫。围观的游客大笑，甜甜也非常开心。

叙事性讲述经验学习的主要目标包括有大胆地在集体面前讲述的愿望，也包括准确感知和理解讲述对象、对自己的讲述内容进行初步构思、运用比较完整恰当的语言进行讲述等，还包括具有合适的讲述方法和策略等。3—6岁幼儿的叙事性讲述经验的关键指标见表2—6。

表2-6 叙事性讲述经验的关键指标

年龄段	关键指标
3—4岁	1. 愿意倾听他人讲述的故事 2. 愿意讲述自己的所见所闻
4—5岁	1. 能够耐心倾听他人讲述的故事 2. 能够大致理解他人讲述的故事 3. 基本完整地讲述自己的所见所闻和经历的事情 4. 讲述比较连贯

续表

年龄段	关键指标
5—6岁	1. 在集体中能注意倾听并理解他人讲述的故事 2. 能有序、连贯、清楚地讲述一件事情 3. 在倾听他人讲故事时注意倾听其讲故事的方法 4. 讲述时语言比较丰富、生动 5. 讲述时能使用一些表示因果、假设等结构相对复杂的句子

2. 说明性讲述经验

说明性讲述经验是指在说明和解释事物的形态、构造、特性、种类、功能、关系等方面时获得的语言经验。简洁明了但又准确的语言使用是说明性讲述经验区别叙事性讲述经验的重要特征。简洁明了意味着说明性讲述使用的语言简洁平实、通俗易懂。准确是指讲述使用的语言能够客观如实地反映事物的特征、本质，准确无误地呈现时间、空间、数量、范围、程度、特征、性质等，保证语言内容的科学性。

幼儿接触和使用最多的是日常对话语言和叙事性语言，但并不表明他们没有机会接触和使用说明性语言。当父母向他们介绍玩具的新玩法时，当教师带他们参观动物园、走访邮局时，当教师向幼儿介绍游戏规则、折纸方法等时，幼儿其实已经在接触说明性语言。如大

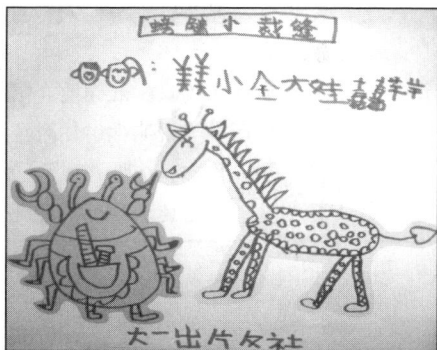

班幼儿阅读图画书《螃蟹小裁缝》后进行小组自制图画书活动，美美代表小组向大家介绍这本书："大家好。这是我们小组做的书。这是封面，上面有书名，也叫《螃蟹小裁缝》，还有作者，有我、小全、大娃、嘉嘉、芊芊。这是螃蟹，这是斑马。这是大一出版社出版的……"美美按照从上到下的顺序介绍了这本书的封面。

　　说明性讲述需要使用学业语言或科技语言，因此幼儿获得的说明性讲述经验对其进入小学后了解说明性文体的特点和提高写作的能力具有直接促进作用，并且对未来学业成绩的提高具有广泛而积极的影响。

　　幼儿阶段发展起来的说明性讲述经验主要包括参与说明性讲述的意愿、学习并掌握一些学业语言、理解他人对事物进行客观描述的语言、运用一定的方法对讲述对象进行客观描述等。说明性讲述经验的关键指标见表2-7。

表2-7　说明性讲述经验的关键指标

年龄段	关键指标
3—4岁	愿意向同伴介绍自己喜欢的玩具、衣服等
4—5岁	1. 愿意并能够用简单的语言客观描述自己熟悉的事物 2. 能够大致听懂成人布置的简单任务、讲解规则等说明性讲述的内容 3. 基本完整地讲述自己的所见所闻和经历的事情 4. 讲述比较连贯
5—6岁	1. 能注意倾听并理解他人与自己有关的说明性讲述内容，如布置任务、介绍规则等 2. 能有序、连贯、准确地介绍自己熟悉的事物 3. 在倾听他人说明性讲述时注意倾听其讲述的方法，如举例、分类、下定义、打比方、列数字或列图表等 4. 讲述时语言比较规范、准确

拦路的大树（大班）①

活动目标

1. 根据已有经验，发现解决问题的多种办法。

2. 围绕想出的办法编构故事，用清楚连贯的语言进行细致讲述。

活动准备

1. 挂图 1 张，记录纸若干。

2. 幼儿已具备清楚讲故事的能力。

活动过程

1. 出示图片，激发幼儿的讲述兴趣。

*教师：小朋友，这张图上的小动物遇到了一个困难，你们仔细看一看，是什么困难？

*鼓励幼儿根据自己发现的图片信息，大胆讲述小动物遇到的困难。

2. 引导幼儿发现解决问题的多种办法。

*教师：大树挡在了公路中间，小动物真着急！小朋友，咱们赶紧帮他们想个办法吧。请你和4—5个好朋友组成一组，互相说一说，自己想到了哪些好办法帮助小动物解决困难。

*教师：小朋友可以用小图标记录的方式，将自己想到的好办法记录下来。

---

① 教学录像见配套光盘。——编者注

＊幼儿分小组交流自己想到的好办法。

＊教师：谁来说一说，你们小组想到了哪些好办法？其他小组有哪些不一样的好办法？

＊每组派一名幼儿当代表，用清楚的语言将自己小组想到的好办法介绍给大家。

3. 引导幼儿根据想到的好办法编构并讲述故事。

＊教师：小朋友真聪明，相信你们想出的好办法一定能帮助到小动物。下面请小朋友编一个好听的故事，把你刚才想到的好办法编进故事里，把小动物是怎么用这个办法解决困难的过程也讲清楚，还要讲清楚故事里有谁、在什么地方、发生了什么事，让你的故事变得更好听。

＊引导幼儿将想到的解决问题的不同办法编进自己的故事中，并把小动物解决困难的过程讲清楚，提示幼儿编讲出和别人不一样的故事。

＊教师：谁来和我们分享你自己编的故事？其他小朋友仔细听，他的故事哪里讲得好，哪里讲得吸引你，小动物用了什么办法解决问题。

＊幼儿在集体面前讲述自己编构的故事。引导幼儿发现，通过讲述对话、动作等方法可以把解决问题的过程讲述清楚。

活动材料

[挂图]　　　　　　　　拦路的大树

设计者：李娇娇（北京市东城区大方家回民幼儿园）

三、语言游戏经验

　　语言游戏经验是指在以语言为材料或对象的游戏过程中获得的语言经验，其核心是幽默地运用语言。在语言游戏过程中，幼儿不知不觉地自发玩弄语音、语词，提高幽默地运用语言的能力。如3—4岁的幼儿在与同伴一起游戏时，嘴里念念有词地以同伴的名字为主题说话："马晓东是一匹小马，小马小马小妈妈，小妈妈骂小马，小马呜哇呜哇马晓东。"这就是幼儿自发的一种语言游戏。

（一）语言游戏经验的特点

1. 娱乐性

语言游戏的过程是幼儿自发操弄语言的过程，语言游戏是幼儿最喜爱的游戏之一，具有强烈的趣味性。在游戏过程中，幼儿可以积极投入、开心玩耍。如在大班听说游戏"你问我答"中，幼儿通过一问一答的接龙游戏，在朗朗上口且富有节奏的儿歌诵读中丰富词汇。游戏两人一组。开始时，两人同念："我家弟弟真淘气，今晚带你去看戏。"一人问："什么戏?"另一人答："游戏。"一人再问："什么游?"另一人再答："菜油。"游戏继续："什么菜?""花菜。""什么花?""菊花。"……依此类推，一问一答，儿歌的内容不断发展和变化。在此游戏中，幼儿不仅感受了参与语言游戏的快乐，而且在不知不觉中达到了丰富词汇的目的。

2. 隐含语言学习的目标

在游戏中使用语言，特别是以语言作为主要材料而开展的游戏，自然包含了对语言的学习、练习和巩固，也包含了发展幼儿快速、灵活地运用语言参与游戏的内容。如在猜"五个兄弟，住在一起，名字不同，高矮不齐"的谜语的过程中，幼儿掌握了语言结构特点、发展了对语言分析的能力。再如游戏"顶锅盖"隐含了练习发音（"盖""菜""怪"）、锻炼准确倾听和快速反应能力的发展目标。该游戏是两人合作的语言游戏，游戏规则为：一人用手掌当锅盖，另一人食指顶着手掌锅盖，念儿歌"顶锅盖，油炒菜，辣椒辣了不要怪。噗! 一口风。噗! 二口风。噗! 三口风"。念完儿歌，手掌锅盖去抓顶着锅盖的食指，食指要赶紧缩回，不能被锅盖抓住。若被抓住，抓者问："烧的什么菜?"被抓者必须说出一道菜名。然后，双方交换角色，游戏继续。

3. 无意识学习语言

语言游戏是一种非具体指向性的语言活动，在很大程度上带有自娱的味道，但却包含了语言学习的因素。语言游戏给幼儿提供了语言习得的机会。在语言游戏过程中，幼儿无意识地学会了语言，锻炼了语用技能。如在游戏"炒青菜"中，一名幼儿手心朝上放好，另外一名幼儿则需要边念儿歌边做动作。念"炒青菜炒青菜，切切切"时，幼儿将手当作刀的样子，在同伴的手臂上"切"三下。念"捏包子捏包子，捏捏捏"时，幼儿在同伴的手臂上捏三下。念"汽车来了嘟嘟嘟，到家了"时，幼儿将手握成拳当作汽车，从同伴手臂处"开"到脖子处，然后挠痒痒。如果同伴忍不住笑了，交换角色，继续游戏。在该游戏中，幼儿不知不觉地练习了发音（如"切切切""捏捏捏""嘟嘟嘟"等），了解了动宾结构的搭配（如炒—青菜、捏—包子等）和语言结构。

（二）语言游戏经验的内容

语言游戏的分类有多种方法，因此有不同的类别。按照游戏使用的语言要素来看，语言游戏可以分为语音游戏、词汇和句型游戏、语篇游戏。语音游戏是以听音或发音为主要内容的游戏，有利于提高幼儿的辨音和发音能力。词汇或句型游戏中涉及的主要语言内容是词汇或语句，有利于幼儿丰富词汇、学习按照语法规则正确运用语句。语篇游戏是以一段话作为游戏材料，笑话、幽默、谜语等都是典型的语篇游戏。

如"我请客"就是句型游戏。游戏由两人合作完成，一名幼儿说出邀请对方做事的内容，另一名幼儿需要马上说出具体的对应内容。任何一人若不能按照规则说出内容，就为输。对话如以下内容。

　　　　A："我请你吃饭。"　　B："我要吃鸡蛋炒饭。"

　　　　A："我请你吃菜。"　　B："我要吃宫保鸡丁。"

Ａ：“我请你喝饮料。”Ｂ：“我要喝酸奶。”

Ａ：“我请你玩游戏。”Ｂ：“我要玩‘猫捉老鼠’。”

按照游戏的形式，语言游戏可以分为边念边玩、边唱边玩、笑话和说演游戏等。

如“正说反做”就是说演游戏，游戏规则是一名幼儿发出指令，如“长高”“左转”，另一名幼儿要准确做出相反的动作，如“变矮”“右转”，依此类推。再如“打老虎”就是边念边玩的游戏，儿歌内容为“一二三四五，上山打老虎。老虎没打着，打到小松鼠。松鼠有几只，让我数一数。数来又数去，一二三四五”。

语言游戏经验对幼儿幽默感的培养和快速灵活运用语言能力的发展具有直接的促进作用。语言游戏经验学习的主要目标包括愿意运用语言玩游戏、完整理解并快速运用游戏规则、在游戏中自然练习发音和语言结构。3—6岁幼儿语言游戏经验的关键指标见表2-8。

表2-8　语言游戏经验的关键指标

年龄段	关键指标
3—4岁	1. 愿意并能够玩一些语音、词汇游戏，从中获得快乐 2. 在游戏中根据规则使用语言
4—5岁	1. 能够主动发现在日常交往过程中使用语言的乐趣 2. 能够完整理解语言游戏规则，能够在游戏中遵守规则 3. 尝试运用游戏规则创编新的游戏内容
5—6岁	1. 愿意听笑话、谜语等，尝试创编笑话 2. 能够完整理解并快速运用游戏规则

第三节　书面语言关键经验

　　幼儿获得的书面语言关键经验包括文学经验和早期读写经验两类。其中，文学经验主要以口头语言形式呈现，早期读写经验以视觉符号形式呈现。

一、文学经验

　　文学经验是指在理解文学作品内容并尝试运用文学语言表达个人经验的过程中获得的语言经验。这里所说的文学语言是指经过加工、规范的书面语言，是文学作品（如儿歌、童话、故事、诗歌、散文等）中使用的语言。在与文学作品的互动过程中，幼儿倾听、理解和欣赏文学作品的内容，进而通过想象、编构等方式对文学语言进行创造性表达，从而提高文学语言的运用能力。

（一）文学经验的特点

1. 生动形象的语言

　　文学作品大量使用比喻、夸张、排比、反复、顶真等修辞手法，文学语言的意象性、超越性或隐喻性决定了文学作品中的语言生动形象、富有画面感。幼儿在学习文学作品时，首先感知到的就是这些生动形象的语言。如诗歌《小雨和小草》的内容"细细的小雨慢慢地飘，绿绿的小草轻轻地摇。小雨把小草亲一亲，小草把小雨抱一抱。小草对小雨悄悄地说：'小雨小雨你真好'"将春天的自然现象拟人化，让原本只有自然关系的小雨和小草转变为两个好朋友之间的关系，运用"慢慢飘""轻轻摇""亲一亲""抱一抱""悄悄说"等语汇动态地表现了两个好朋友之间的相互亲近。幼儿对文学作品学习的兴趣首先来源于对这些生动形象的语言的感受和理解。

2. 旨在获得初步的审美意识和技能

文学经验中获得的文学语言是一种艺术语言，对文学作品中语言表现出的形式、内容、主题等因素的感知、理解大多源自文学经验。押韵的节奏、生动形象的语言、内容与幼儿生活经验适宜且超出预期、主题契合他们的心理需要等，都能带给幼儿愉悦的感受，让他们情不自禁地发出"好听""好玩"等评价性语言。

如故事《野猫的城市》以生动幽默的语言和有趣的情节，讲述了从城里来的一只野猫向森林里的动物介绍城市情景的内容。野猫用夸张离奇的方式将城市描绘成了一个让动物们觉得很疼、很痒、没羞的地方。新颖的视角、诙谐有趣的情节满足了幼儿好奇、好问的心理需要，成为幼儿审美意识发展的出发点。

[故事]　　　　　　　　　　野猫的城市

森林里住着许多动物，他们都没有见过城市，很想知道城市是什么样的。

有一天，从城里来了一只野猫。动物们见了，一起围着他问长问短，想请他说一说城市的事情。

野猫可得意啦。他摇晃着脑袋，东瞧瞧，西看看，然后皱着眉头说："城市太大了，我怎么能用嘴巴讲得清楚呢?"忽然，他拍一拍脑门："有了，我来比画给你们看吧!"

野猫先让斑马躺在地上。他告诉动物们，城市有许多马路。人们过马路，要踩着斑马线走。接着，他带领所有的动物从斑马的身上走了过去。斑马躺在地上受不了，站起来踢踢腿，说："看来城市是一个很疼的地方。"

野猫又叫小鹿驮着他，站到了花奶牛的身旁。他对动物们讲，城市很大很大，地图就像花奶牛身上的图案，这一块那一块表示不同的地方。野猫边说边用手在花奶牛身上画来画去。花奶牛忍不住呵呵地笑着躲开他，说："看来城市是一个很痒的地方。"

野猫想了想，又拍一拍脑门说："对了，城市还有一个很特别的地方，城市里的爸爸都喜欢坐在抽水马桶上看报纸。"为了说明这一点，他让大河马张开嘴当作抽水马桶，自己坐在上面，又拉来小鼯鼠的两只手，装出读报纸的样子。森林里的动物们看得目瞪口呆，谁也说不出话来。正在这时，大河马闻到了一点不好闻的味儿。他打了个喷嚏，把野猫扔了出来。"哎哟！"野猫刚落地，就听见小鼯鼠轻轻地咕哝："看来城市是个没羞的地方。"

野猫讲的城市没有人要听了，森林里的动物都不喜欢野猫的城市。

有一天，一辆城里的汽车开进了森林，车上下来了许多小朋友。动物们远远地望着他们，都在想一件事："城市真的像野猫讲的那样吗？"小朋友，如果你也从那辆汽车里下来，你想对森林里的动物们说些什么？我们的城市是什么样的呢？

3. 伴随情感的表达

文学作品中优美的语言、巧妙的情节安排都会让幼儿产生情感的共鸣。幼儿在学习文学作品时，可以通过想象走进文学作品，体验主人公的心情，随着主人公的情绪变化而变化，从情节变化中对主人公的表现做出自己的判断。如在学习完散文《冬娃》后，幼儿可能会产生与大树一样的心理，认为冬娃非常聪明。

[散文]　　　　　　　　　**冬　　娃**

一个娃娃，抱着树枝摇啊，摇啊，树叶儿一片片落下，落下。

大树说："别摇！别摇！娃娃，树叶儿落光了，光秃秃的，多难看呀！"

娃娃说："不行！不行！天冷了，雨少了，地干了，哪儿有那么多水给树叶儿喝呀！像去年一样，让树叶儿落下，明年春天你就会发芽。"

大树说："你真聪明，娃娃。告诉我，你叫啥？"

娃娃说："咱们每年见一次面，我的名字叫冬娃。"

（鲁兵/文）

（二）文学经验的内容

根据幼儿学习的文学作品不同，我们可以将文学经验划分为儿歌学习经验、故事学习经验、散文学习经验等。其中，儿歌学习经验和故事学习经验是幼儿文学经验的主要内容，而幼儿获得的语言游戏经验相当一部分也来源于儿歌学习经验，故事经验又与幼儿叙事性讲述经验的学习直接相关。

根据文学作品对幼儿语言发展的促进作用，文学经验包括了乐于倾听与欣赏文学作品的态度、理解并讨论文学作品、运用文学语言进行创造性表达等。3—6岁幼儿文学经验的关键指标见表2-9。

表2-9　文学经验的关键指标

年龄段	关键指标
3—4岁	1. 主动要求成人讲故事 2. 喜欢跟读韵律感强的儿歌、童谣 3. 能听懂短小的儿歌或故事 4. 能口齿清楚地说儿歌、童谣或复述简短的故事
4—5岁	1. 喜欢把听过的故事讲给别人听 2. 能大致讲出所听故事的主要内容 3. 能随着作品的展开产生喜悦、担忧等相应的情绪反应，体会作品表达的情绪情感

续表

年龄段	关键指标
5—6岁	1. 喜欢与他人一起谈论故事的有关内容 2. 能根据故事的部分情节线索猜想故事情节的发展或续编、创编故事 3. 对听过的故事能说出自己的看法 4. 能初步感受文学语言的美

小铃铛（小班)①

活动目标

1. 喜欢听故事，了解故事内容。

2. 喜欢跟说故事中的角色语言，能进行模仿表演。

活动准备

1. 小铃铛若干。

2. 小花猫、小花狗、小白兔、小山羊的挂饰、图片。

3. 提前在活动内布置出小白兔、小花狗、小山羊的家。

活动过程

1. 出示小铃铛，引出故事主题。

＊教师出示神秘的礼物盒，里面放一个小铃铛。

＊教师：猜一猜盒子里是什么？小铃铛是什么样子的？

＊教师：你喜欢小铃铛吗？不仅小朋友喜欢，小花猫也喜欢。

今天，我们听一个好听的故事，叫《小铃铛》。

---

① 教学录像见配套光盘。——编者注

2. 教师有表情地讲述故事，引导幼儿初步理解故事内容。

*教师：你们喜欢这个故事吗？故事中有哪些小动物？

*引导幼儿初步理解故事情节，找出故事的主要角色。

*教师：这些小动物喜欢小铃铛吗？为什么喜欢？小花猫开始不给小动物戴小铃铛，后来为什么又给戴了呢？

3. 教师再次讲故事，鼓励幼儿学说故事中的角色对话。

*教师：小动物们都想要小花猫的小铃铛，他们说的话一样吗？他们分别是怎么说的？

*鼓励幼儿学说故事中的角色语言，尝试创编动作。

*教师扮演小动物，幼儿扮演小花猫，学说故事中的对话。

*幼儿扮演小动物，教师扮演小花猫，学说故事中的对话。

4. 引导幼儿进行故事表演。

*教师：小朋友想不想演一演这个故事？后面是小动物的家，快去选你自己喜欢的小动物，然后演一演吧。

*幼儿根据故事内容进行表演，巩固学说故事中的角色语言。

活动材料

[故事]　　　　　　　小　铃　铛

小花猫今天真漂亮，脖子上戴了一个小铃铛，走起路来，铃铛会"丁零丁零"响。

小花狗看见了，说："呦，小铃铛圆溜溜，多好玩！给我戴一下，好吗？"小花猫说："不行，不行，会让你弄脏的。"

小白兔看见了，说："瞧，小铃铛亮晶晶，多好看！给我戴一下，好吗？"小花猫说："不行，不行，会让你弄坏的。"

　　小山羊看见了，说："小铃铛，丁零零，多好听！给我戴一下，好吗？"小花猫说："不行，不行，会让你弄丢的。"

　　小花猫蹦蹦跳跳走到河边，往水里照照自己的影子。嗨，多漂亮的小铃铛，圆溜溜、亮晶晶，还会"丁零丁零"响！他伸长脖子，想照照清楚，没想到脚下一滑，"扑通"一声，掉到河里去了。

　　小花狗正在河边玩，看见小花猫掉到河里去了，连忙去拉他。"嗨哟！——哎呀！"小花狗拉不动小花猫。小白兔和小山羊看见了，连忙跑过来帮忙。"嗨哟！嗨哟！嗨——"大家一起拉，才把小花猫拉上岸来。

　　小花猫多难为情呀。他低下头，拿下脖子上的小铃铛，说："你们也戴戴小铃铛吧！"

（陆弘/文）

设计者：孙维（北京市第一幼儿园附属实验园）

二、早期读写经验

　　早期读写经验是指幼儿在理解视觉材料（图画和文字）并尝试运用图文表达个人经验的过程中获得的语言经验，其核心是运用图文等视觉材料。早期读写经验包括阅读经验和书写经验。阅读是从书面语言中获取含义。书写是借助书面语言与他人沟通。阅读和书写是塑造、阐释和传达文字含义的两种行为方式。尽管读写与听说具有人类语言行为的共同特征，但读写由于需要更加复杂的智力活动参与，因此表现出有别于听说的不一样特点。

（一）早期读写经验的特点

我们可以从以下方面把握早期读写经验的特点和内涵。

1. 读写行为是伴随多种复杂心理活动（认知、情感、意志）参与、由一系列与读写有关的技能构成的整体活动

离开了心理活动的参与或者只有某些零散的技能，读写行为均不能形成。成功的读写意味着对三个核心行为技能的逐渐掌握：能够利用文字的结构特点**读写**一定数量的**文字**，即经历一定的读写实践；能够利用已有的知识、词汇和策略进行**有目的**、**有意义**的读写，掌握所使用文字的意义和功能；能够在较短的时间内理解所阅读的材料，用文字完整记录想要表达的意思，进行**熟练的**读写，使读写成为一种乐趣。

2. 读写行为技能不是一个"全有全无"的现象，而是一个从非常规到常规、从少到多的持续发展的整体

有研究者提出，如果将成功的读写比作茂密的大树，那么读写技能的获得可以看成是种子生根、发芽、成长的持续发展过程（见图2-2），会读写和不会读写之间并没有明确的界限。如有些幼儿可能知道哪里有可以阅读的材料但并不一定会阅读；有些幼儿可能会在上下文中认出单个字词，但无法孤立地认读这些字词；有些幼儿可能会通过记忆而认识单个字，但未必能在实际情境中认出。我们很难辨别在这些幼儿中，哪些会阅读，哪些不会阅读。我们只能说，不同幼儿

图2-2　成功读写的核心技能及发展历程

掌握了不同的阅读技能或者一些幼儿比另外一些幼儿更会阅读。

3. 读写行为离不开特定的社会情境，读写行为本身是社会文化的发展过程

在社会文化的发展过程中，书面语言将作者和读者以一种特殊的方式置于特定的（如在课堂上或在家庭中）社会生活中，作者写成的文字被课堂或家庭中的不同群体和个人赋予不同的意义，代表了作者参与以及与特殊他人（读者）之间的一种特殊互动。读写与听说、绘画、欣赏作品、演唱、欣赏音乐会等许多文化活动一样，只有在与他人直接或间接的互动过程中才有意义，才能显示出作者或读者的意图和目的。

幼儿到学前晚期已经初步掌握母语的口头语言系统，但书面语言的水平远没有达到成人水平。幼儿尚不能像成人一样，能够相对抽象和孤立地运用一定的社会群体成员共知的书面语言进行灵活、自由的表达，而只能使用自发创造的"类似"读写或非常规的读写以达到某种真实、具体的活动目的。幼儿获得读写经验，是利用图片和文字等符号与人交往的一种手段，是与读写有关的一系列情感态度、认知技能和能力，而不仅是读写技巧本身。因此，幼儿的读写行为通常被称为早期阅读、读写萌发或早期读写。

将幼儿的读写限定在早期或萌发的范围内，通常有几层含义。其一是承认幼儿的读写行为是一个人一生常规读写的正式开始或萌芽，应当纳入读写持续发展的框架中，是幼儿积极主动建构更加复杂和更加符合常规的读写策略的开始。它在人一生读写能力发展中具有奠基作用，与口头语言经验一起构成"读写能力之根"，而不仅是正式读写的"准备"。早期读写经验并不是为读写所做的准备，而是读写能力的有机组成部分。其二是幼儿对书面语言的理解和使用尚处在初级水平和早期阶段，他们的读写包含在具体、整合的活动中，离开具体活动的读写行为相对较少。换句话说，他们在读写时关注的是读写行为在整体活动中的意义、目的和功能，而不仅关注具体认读和书写的技能技巧。

早期读写学习是一种在整体活动中的非常规读写学习，是在真实的家庭或幼儿园生活情境中为了真实的活动目的而自然发生的。所谓真实的活动目的是指幼儿心目中的真实，而不是家长或教师认为的真实。在真实的读写情境中，幼儿有机会参与甚至主宰读写活动任务的制定和实施。他们也能感觉到，这是他们自己的活动。他们所做的事与自己有关，而不是成人强迫他们做或为了取悦成人而做。同时，幼儿也感觉到，他们选择某种方式参与读写活动是有价值的，成人的指导是有趣、有用的，只有这样的读写活动才是幼儿心目中的真实活动。真实的读写活动包含了学语言、学有关语言的知识、借助语言学习三方面的内容。虽然幼儿未必正式从事阅读和书写活动，但是大部分幼儿从出生后不久，就已经在积极尝试将书面语言与口头语言、图画结合起来并将其作为游戏、生活的一种手段，开始用多种方式创造和交流意义，利用这些经验与成人进行交流和互动。他们开始学习阅读和书写，建立书面语言和口头语言之间的联系，了解有关书面语言的基本知识。如和同伴一起讨论图书中的人物、装模作样地念书、画一张笑脸表示自己高兴等，看似不是直接读写，但却是幼儿通过读写实践着生活、游戏的目的，结果是幼儿伴随着实用、愉快的生活和游戏等活动，学习了读写和有关读写的知识，积累了早期读写经验。

（二）早期读写经验的内容

早期读写经验主要表现在图画书阅读、早期识字和早期书写三个方面，这三个方面的早期读写经验的学习通常相互伴随、同时发生。由于早期读写关注的重点是读写的意义和功能，因此幼儿学习读写的效果并不仅表现为对汉字读写技能的掌握，而体现在通过接触书面语言获得与读写有关的态度、期望、情感和行为，获得以一种新的方式认识世界的基本经验。早期读写经验包括如下内容。

1. 与读写有关的情感和态度

早期读写学习可以让幼儿获得一些特殊的情感态度，主要是对印刷内容和读写活动的喜好。这种情感和态度，首先表现为对周围文字的兴趣，幼儿有学习书面语言的需求，他们在很小的时候就对周围生活中的书面语言产生兴趣，获得对书面语言的敏感性；其次表现为喜欢阅读图书，集中注意并倾听成人讲故事；最后表现为愿意借助绘画、文字、书写工具进行"类似"读写活动，愿意就文字进行讨论、思考和想象。如他们通常会对周围环境（房间里、书桌上、幼儿园里、书店里等）的书本和文字做出反应，也会对父母给他们念书、朗诵儿歌等做出必要的应答。

2. 初步的自主读写能力

该能力包括了口语和书面语相对应的能力，如意识到书中、环境中的文字可以转化为口语，有意识将自己的口语转化为绘画或"文字"，进行有意义的书写；文字的视觉辨别能力，如能区分文字和图画之间的差异、能辨别生活环境中不同文字的不同功能、能指出有明显特征的文字的共同特点等；具有早期读写的初步策略，如主动思考文字，就故事内容进行提问、想象或预测等。

3. 早期读写的基本行为技能

该技能包括前图书阅读技能、前识字技能和前书写技能，如假装读书、猜测游戏、边背边读、绘画、图配文书写、近似书写（很多时候需要具体解释才能看明白）。

4. 与早期读写有关的一系列认知经验

该经验主要指幼儿可以从读写实践中获得一些与图书、文字有关的基础知识，如知道图书是用来阅读的而不是用来玩的，是思考的对象而不是行动的对象；书本可以控制读者的思路，图片、文字决定了读者思考和讨论的内容；图片不是事物本身，但可以代表事物；图片可以用来命名，会引出词语；生活中的文字是有意义的，有多种功能（提供信息、标志，帮助解决实际问题等）；不仅可以从与教师、同伴的共同活动中获得乐趣，而且还可以从阅读图书、文字和书写中获得乐趣，甚至得到安慰。

5. 与读写有关的一些社会文化经验

在早期读写学习过程中，幼儿除了能够获得上述个体经验之外，还能习得一些与他人积极互动的社会文化经验，如固定地与成人每天分享阅读内容、与成人讨论图书中有关内容并进行对话式阅读等。

所有这些经验都是幼儿伴随生活、游戏而进行读写活动时自然获得的，在幼儿进入小学后进行常规读写过程中扮演重要的角色，是常规读写的前提条件和基础。3—6岁幼儿早期读写经验发展的关键指标见表2-10。

表 2-10　早期读写经验的关键指标

年龄段	关键指标
3—4岁	1. 主动要求成人讲故事、读图书 2. 会看画面，能根据画面说出图中有什么、发生了什么事情等 3. 能理解图书上的文字是和画面对应的，是用来表达画面意义的 4. 喜欢用涂涂画画表达一定的意思 5. 爱护图书，不乱撕、乱扔 6. 反复看自己喜欢的图书
4—5岁	1. 对生活中常见的标识、符号感兴趣，知道它们表示一定的意义 2. 喜欢把看过的图书讲给别人听 3. 能根据连续画面提供的信息，大致说出故事的情节或图书的主要内容 4. 愿意用图画和符号表达自己的愿望和想法 5. 在成人提醒下，在写写或画画时保持基本正确的姿势
5—6岁	1. 专注地阅读图书 2. 对图书和生活情境中的文字符号感兴趣，知道文字表示一定的意义 3. 对看过的图书能说出自己的看法 4. 能说出所阅读的图书的主要内容 5. 愿意用图画和符号表现事物或故事 6. 会正确书写自己的名字，写（画）时姿势正确

小老虎的大屁股（中班）[1]

活动目标

1. 仔细观察并看懂画面信息，进一步理解故事情节。

2. 理解小老虎的大屁股带来的麻烦和好处。

活动准备

1. 图画书《小老虎的大屁股》[2] 幼儿人手 1 册，书签若干。

2. 自制图画书幻灯片、角色对话的音效。

活动过程

1. 调动幼儿的已有经验，引导幼儿回忆故事。

＊教师：这本书的名字是什么？你喜欢小老虎的大屁股吗？为什么？

＊教师借助幻灯片，和幼儿一起回忆故事名称和内容，随机对幼儿感兴趣的内容展开讨论。

2. 幼儿翻阅图画书，理解故事内容。

＊教师：你从哪里看出小老虎的屁股给自己带来了麻烦（快乐）？

＊幼儿翻阅图画书，仔细观察并使用书签记录。

＊重点引导幼儿观察第5—9页，发现小老虎闯祸了，帮助幼儿通过模仿角色，体会小老虎无心犯错的心理。

＊重点引导幼儿观察第14—21页，发现小老虎帮助了小动物，帮助幼儿通过模仿角色，体会大屁股的威力，感受小老虎知错就改以及小动物们原谅他的情感。

---

① 教学录像见配套光盘。——编者注

② 冰波，黄缨. 小老虎的大屁股［M］. 北京：教育科学出版社，2009：2—27.

3. 引导幼儿比较背景一样的两页内容，加深对小老虎大屁股两面性的认识。

＊教师：我们发现小老虎的大屁股虽然没有变，但却经历了不一样的事情。希望小朋友多发现别人的优点，交到更多的好朋友。

活动延伸

引导幼儿续编新的故事情节，如小老虎的大屁股还可能会遇到哪些有趣的事，还会给同伴带来哪些快乐和烦恼。

设计者：邓蕊（北京市第一幼儿园附属实验园）

在前述幼儿语言学习与发展的若干关键经验中，有些关键经验主要通过专门的语言领域教育活动才能让幼儿真正掌握，如辩论经验、说明性讲述经验；有些关键经验，如日常交谈经验、语言游戏经验，更需要渗透在日常随机指导中。专门的语言领域教育活动是日常随机指导的补充。同时，幼儿对书面语言关键经验的学习与发展，既需要专门的集体指导，也需要日常随机指导。

目前，幼儿园专门的语言领域教育活动包括谈话活动、讲述活动、听说游戏、文学活动、早期阅读，每一类活动为幼儿创设了一种独特的语言运用情境。其中，谈话活动、讲述活动、听说游戏为幼儿创设的是口头语言交往情境，文学活动为幼儿创设的是学习和运用文学语言的情境，早期阅读为幼儿创设的是学习和运用图文等视觉语言的情境。下面基于每类活动包含的主要关键经验，对该类活动的组织与开展做简要分析，同时对日常随机指导进行介绍。

第三章

基于幼儿谈话经验学习与发展的活动指导——谈话活动

第一节 谈话活动的内涵与特点

　　谈话是人们运用语言与他人交流的基本方式，谈话需要参与者之间有共同的语言表达，并且在进行语言表达时分享共同的规则。

　　在幼儿园专门的语言领域教育活动中，主要指向幼儿谈话经验学习与发展的活动主要是谈话活动。与幼儿园其他语言领域教育活动相比，谈话活动在形式、内容、方法以及实施途径等方面具有自身的独特性，其作用是其他语言领域教育活动不可替代的。谈话活动创设的是日常口头语言交往情境，要求幼儿调动自己的已有经验，围绕幼儿熟悉的话题倾听他人的意见，表达自己的想法。谈话活动的主要目标在于帮助幼儿掌握围绕某一话题进行现场交往的技能；倾听、理解他人谈话内容的技能；清楚地表达自己经验或感受的技能；不跑题、轮流交谈等特殊技能。谈话活动重点强调幼儿学习流畅、熟练、灵活地交流自己的想法，强调幼儿表达自己的已有经验。

在以往的幼儿园语言领域教育研究中，研究者从不同的角度对谈话活动进行了分析。有的侧重幼儿对话能力的发展，提出幼儿园通过谈话活动发展幼儿的语言能力，可借助日常生活中的谈话和集体组织的谈话实现；有的偏向考虑幼儿的语言表达能力的发展，将谈话列入生活经验讲述的范畴。我们认为，谈话活动是一种有目的、有计划地组织幼儿学习的语言领域教育活动，旨在创造一个良好的语言环境，帮助幼儿学会倾听别人谈话，围绕一定话题进行谈话，习得与别人交流的方式、规则，培养与人交往的能力。

一、谈话活动的内涵

近年来有关儿童语言发展的研究，尤其是对儿童语言运用能力发展的研究，让我们逐渐认识到，谈话活动是幼儿园语言领域教育不可缺少的一种活动类型。谈话活动是一种有计划、有目的的组织幼儿进行口头语言对话的活动，为幼儿创设的是口头语言对话情境，旨在引发幼儿运用已有的谈话经验参与交流活动，从而有意识地整理和巩固已发展的谈话经验，获取新的谈话经验。

谈话活动与日常交谈既有区别又有联系。谈话活动和日常谈话都具有发展幼儿语言交流能力的作用，但二者的最根本区别在于：谈话活动是有目的、有计划地创造交谈机会，日常谈话则是无预期目标和计划的谈话，具有自发性与随机性；前者明显表现出教师的指导作用，后者更多的需要发挥幼儿的主动性。但是，二者又是相互促进、互为基础的。前者是在集体场合下进行的，后者是在两名或两名以上幼儿之间发生的；前者是固定话题，是教师根据教育目标和计划精心设计的；后者是非固定话题，是幼儿随意产生的；前者是在正式活动中专门进行的，后者一般发生在自由活动中。

二、谈话活动的特点

1. 有一个中心话题

在幼儿集中关注并用语言进行交流时，中心话题就限定了幼儿的交流范围，主导了幼儿的谈话方向，使幼儿的交谈带有讨论的性质。中心话题包含三层意思。第一，幼儿对中心话题具有一定的经验，有话可以讲。完全陌生的话题不可能使幼儿产生谈话的兴趣。第二，有一定的新鲜感。幼儿感兴趣的话题往往是那些与新颖的生活内容有关的。曾经反复提起和谈论的话题，不会引发幼儿的强烈关注。第三，与幼儿近日生活的共同关注点有关。

2. 注重多方位的信息交流

幼儿围绕中心话题交谈时，思路相对开阔，语言经验各自有别，因此含载这些经验内容的语言形式也比较丰富。幼儿有时在全班面前谈论个人见解，有时在小组里与几名幼儿交谈，有时与邻座幼儿或教师进行个别交谈，所以交谈对象范围较广。任何一所幼儿园的谈话活动都可能包括教师与幼儿交谈、幼儿与教师交谈、幼儿与幼儿交谈。因此，谈话活动是一种全方位的语言交流活动，它为幼儿提供了学习和运用语言的机会。

3. 拥有宽松自由的交谈气氛

谈话活动注重幼儿运用语言与他人进行交流，围绕幼儿的感兴趣话题进行交谈。所以，从活动中幼儿运用的语言方式来看，谈话活动的语言属于对话范畴，是各种交谈的汇集，正如平时人们的一般交谈那样，它不需要在正式场合中使用的规范严谨的语言，而使用的是宽松自由、不拘形式的语言，以说明想法为准。

4. 教师起间接引导作用

教师以参与者的身份参加谈话，给幼儿以平等的感觉。教师的间接引导通过两种方式得以体现：一是用提问的方式引出话题或转换话题，引导幼儿谈话的思路，把握谈话的方式；二是用平行谈话的方式对幼儿做隐形示范，教师通过谈论自己的经验，如自己喜欢吃的糖及喜欢的原因等，向幼儿暗示谈话组织交流的方法。

第二节　谈话活动的目标指向与活动指导

一、谈话活动的目标指向

谈话活动着重培养幼儿运用口头语言与他人交往的意识、情感和能力。谈话活动的目标指向表现在以下方面。

1. 帮助幼儿学习倾听他人的谈话

教师通过有目的、有计划、有组织的谈话活动，可以帮助幼儿建立起几种倾听技能。第一种是有意识倾听。幼儿有主动倾听别人谈话的愿望、态度和习惯，当别人说话时能集中注意力耐心去听，通过主动积极倾听去感知、接受别人谈话的信息。第二种是辨析性倾听。幼儿从倾听中分辨出不同的声音，包括说话人声音的特点、声音表现的情绪等。第三种是理解性倾听。幼儿通过谈话中的倾听，提高理解谈话内容的水平。幼儿在倾听时迅速掌握别人所说的内容，把握一段话的关键信息，理解谈话上下文的意思，从而了解谈话的中心内容，以便做出反应，交流自己的见解。

2. 帮助幼儿学会围绕话题充分表达个人见解

帮助幼儿学习谈话，实际上是指引导幼儿按照社会交往过程中约定俗成的方式进行交流。在人们的社会生活中，谈话往往有一个中心话题，参与谈话的任何一方都应该围绕中心话题表达个人想法，这是谈话的最基本思路及方式。3 岁以后的幼儿，自我中心语言逐步减少，社会性语言逐步增加，但仍需要通过学习来发展社会性语言。谈话给予幼儿特别的机会，让他们从对方或者公众话题角度考虑问题，表达个人见解。同时，幼儿要围绕中心话题不断扩展谈话内容，层层深入地表达见解，这样才能使交谈的参与者充分表达自己的想法，使谈话层层深入。

3. 帮助幼儿学会基本的运用语言进行交谈的规则

首先，用适合角色的语言进行交谈。谈话是一种多样式的交流，每个人在说话中都可能处于某一特定的角色地位，同一名幼儿在谈话中也有不同的角色，因而要用不同的方式交流。这里所说的不同交流方式，包括幼儿使用不同的语音、语调，不同的音量，不同的组词、造句方法。

其次，用轮流的方式进行交谈。谈话要求幼儿逐步学会耐心听别人把话讲完后再发表个人意见。两人交谈需要一一对应地轮流说话，多人交谈也要按顺序逐个说话。许多幼儿刚学习谈话时，会抢着讲、乱插嘴或光听不说。据此，教师在组织谈话活动中，应有意识地培养幼儿轮流交谈的习惯。

最后，用修补的方法延续谈话。谈话不是在瞬间就结束的交流方式，因而参与者需要就交流内容进行一定时间的交谈。这样的谈话有可能出现谈话内容中断的现象，那么交谈的参与者便应具有修补延续谈话的意识和能力。所谓修补方法，就是在谈话中出现听错或理解错等问题时，为保证谈话信息传递的准确性，进行及时的修正与补充。

二、谈话活动的活动组织

谈话活动的组织有其自身规律。谈话活动的组织由以下步骤组成。

1. 创设谈话情境，引出谈话话题

谈话情境的创设，主要通过两种方式。第一种方式是用实物创设情境，即教师利用活动角、墙饰、桌面玩具、实物摆设甚至于一张图片，向幼儿提供与谈话主题有关的可视形象，引发幼儿的谈话兴趣与思路。第二种方式是用语言创设情境，即教师通过自己的一段话、一些问题来唤起幼儿的记忆，使幼儿进入谈话情境。

创设谈话情境时，教师应注意下面的问题。首先，注意创设谈话情境的方式。创设谈话情境的目的在于开启幼儿的谈话，创设什么样的谈话情境，取决于幼儿的谈话需要。其次，注意创设的情境与谈话话题之间的关系。谈话情境的创设是为引出话题，应避免出现两种情况：一是避免许多与谈话内容无关的摆设，要紧扣谈话的中心话题；二是避免过于热闹以致"喧宾夺主"。谈话的情境创设应尽可能简单明白，以便直接连接话题内容。

2. 幼儿围绕话题自由交谈

这一步骤的目的在于调动幼儿对谈话中心话题的知识储备，运用已有的谈话经验交流个人见解。组织这一步骤有几个基本原则。

首先，放手让幼儿围绕话题自由交谈。在幼儿分组或一对一自由交谈时，允许幼儿说任何与话题有关的想法。教师不需要做示范，不给幼儿提示，不纠正幼儿说话、用词、造句的错误，让幼儿充分运用已有谈话经验说出自己想说的话。

其次，鼓励每名幼儿积极参与谈话，真正形成双向或多向的交流。在

幼儿分小组时，教师可让幼儿自己选择交流对象。自由结合的小组更有利于发挥每名幼儿的积极性，使他们有更多的交谈机会，保证谈话的气氛更加融洽。

最后，适当增加幼儿的"动作"机会。谈话是口头语言操作，也是动脑的操作。根据幼儿活动的特点，在谈话活动中适当增加一些其他方式的操作活动，有利于调动幼儿的兴趣，提高他们谈话的积极性。

3. 引导幼儿逐步拓展谈话范围

在上一步骤之后，教师要集中引导幼儿逐步拓展谈话范围。在此阶段，教师通过逐层深入的谈话，向幼儿展示并帮助他们学习运用新的谈话经验，使幼儿的谈话水平进一步提高。教师在组织谈话活动时，要防止机械呆板理解谈话经验的问题，不要把一种句式或几个词汇的学习与新的谈话经验学习等同起来。

具体而言，谈话活动向幼儿提供的新的语言经验，必须注意以下几点。首先，应在幼儿原有谈话经验的基础上，进一步扩展他们的经验范畴。其次，根据不同谈话活动目的重点发展不同的语言经验。如这次谈话活动重点是帮助幼儿学习围绕中心话题谈话，下次重点是学习围绕中心话题深入拓展小话题等。最后，教师向幼儿展示的新的谈话经验，不是用示范、指示的方法说给幼儿听，而是通过深入拓展谈话范围，将这种经验逐步传递给幼儿。教师可以使用的策略包括描述幼儿的已有行为、重复和整理幼儿的谈话内容、点评幼儿的表现等。

三、谈话活动的日常指导

习得是幼儿学习与发展谈话经验的主要方式，所以日常指导是其经验获得的主要方式。

第一，多给幼儿提供倾听和交谈的机会，让幼儿体验语言交往的乐趣。教师就幼儿感兴趣的话题，随机与幼儿进行个别交流，使幼儿有机会锻炼理解、表达和轮流等语言运用技能。教师每天保证有足够的时间与幼儿交谈，如谈论他们感兴趣的话题、询问和听取他们对事情的意见；尊重和接纳幼儿的说话方式，无论幼儿的表达水平如何，都认真倾听并给予积极回应；鼓励和支持幼儿与同伴一起玩耍、交谈，相互讲述见闻、趣事或看过的图书、动画片等。

第二，示范谈话技能，为幼儿做出表率。如认真听别人（包括幼儿）讲话；用幼儿听得懂的语言与他们交谈；对幼儿提要求和布置任务时，提醒他们注意倾听，鼓励幼儿主动提问。教师也要注意语言文明，为幼儿做出表率，如与他人交谈时，认真倾听，使用礼貌用语；在公共场合不大声说话；不说脏话，粗话。幼儿表达意见时，教师可蹲下来，眼睛平视幼儿，耐心地听他们把话说完。

第三，对幼儿讲话时，结合情境使用丰富的语言，以便幼儿理解。如说话时注意语气、语调，让幼儿感受到语气、语调的作用；对幼儿的不合理要求以坚定的语气表示不同意；讲故事时尽量把故事人物高兴、悲伤的心情用不同的语气、语调表现出来；根据幼儿的理解水平，有意识使用一些反映因果、假设、条件等关系的句子。

第四，帮助幼儿养成良好的语言行为习惯。如结合情境，提醒幼儿必要的交流礼节；提醒幼儿遵守集体生活的语言规则；提醒幼儿注意公共场所的语言文明。

第三节　谈话活动案例与分析

我最喜欢的玩具（小班）①

活动目标

1. 能认真倾听同伴说话。

2. 能围绕话题说出自己的感受。

3. 愿意和同伴交换自己最喜欢的玩具。

活动准备

1. 将活动室布置成一间"宝宝玩具屋"，鼓励幼儿从家中带来自己最喜欢的一件玩具，装扮"宝宝玩具屋"。

2. 幼儿已在活动前与同伴一起玩过带来的玩具，有与同伴分享玩具的体验，对全班幼儿带来的玩具的名称、外形、玩法等有了初步了解。

活动过程

1. 幼儿在"宝宝玩具屋"自由游戏。

＊幼儿自由玩玩具或与同伴结伴游戏。

＊教师巡回观察幼儿游戏情况并引导幼儿与同伴交谈，说一说自己玩的玩具的名称和玩法。

＊教师以游戏者的身份和幼儿边游戏边交谈，引导幼儿描述自己的玩具。

---

① 中央教育科学研究所早期教育研究中心. 幼儿园和谐发展课程教师用书（小班下）［M］. 北京：教育科学出版社，2009：73-74.

2. 引导幼儿围绕话题"我喜欢的玩具"进行谈话。

＊请部分幼儿说一说自己最喜欢的玩具。幼儿谈完后，教师可帮助其概括并整理谈话的主要内容，如玩具名称、玩法等，以便为其他幼儿的谈话提供线索。

＊教师通过提问引导幼儿介绍自己喜欢的玩具，如：你最喜欢的玩具是什么样子的？是谁买的？怎么玩？你为什么喜欢它？等等。

3. 引出新话题，扩展谈话内容。

＊教师：你还见过什么样的玩具？你在哪里见到的？

＊鼓励幼儿与同伴相互交流。

【分析】

学前阶段是幼儿口语交往能力快速发展的时期，幼儿园应当为幼儿创设让他们有话想说、敢说、能说的机会，锻炼他们的口语交往能力。活动"我最喜欢的玩具"的设计符合谈话活动设计的一般规律，并将不同语言经验的学习进行了整合。

活动目标第一、二条直接指向幼儿日常交谈经验的获得。谈话话题的选择、环境的创设和已有经验的准备都是幼儿熟悉的，所以幼儿愿意说并且有话可说。

活动过程的第一个步骤包含了谈话活动的两个环节。第一个环节是利用"宝宝玩具屋"游戏，激发幼儿参与活动的兴趣，集中他们的注意力，从而自然引出谈话话题。第二个环节是教师以游戏者身份引导幼儿之间进行自由交谈。在活动过程的第二个步骤中，教师以部分幼儿的谈话内容为例，通过"递词"和提问等方式引导幼儿学习延续谈话的技能。在活动过程的最后一个步骤中，教师的主要任务是引出新的谈话话题，引导和鼓励幼儿运用和锻炼新获得的谈话技能。

青草和毛衣（中班）[①]

活动目标

1. 学习围绕话题与同伴进行有趣的争论。

2. 知道听完对方的观点后再发表自己的见解。

3. 学习在争论中合理使用"我认为……""因为……所以……"等推理性的语言。

活动准备

青草、羊、羊毛、毛线、毛衣的自制图片或实物。

活动过程

1. 教师展示图片或实物，引出谈话话题。

＊出示青草图片，引导幼儿谈一谈青草有什么作用，指导幼儿用连贯的语言进行表述，如青草可以让小动物吃，青草可以清洁空气等。

＊出示毛衣图片，引导幼儿谈一谈毛衣是从哪里来的，帮助幼儿迁移生活经验并进行讨论，如毛衣是用毛线织出来的……

＊以讲故事的方式引出争论的话题：一天，一件毛衣落在青草的头上，捂得青草透不过气来。青草生气了，拼命拍打毛衣，弄得毛衣身上全都是草。毛衣生气了，大声地吼起来："你这棵小小的青草，也配和我这么高贵的毛衣混在一起吗？"青草说："没有我，哪有你，你神气什么？"毛衣说："奇怪，我和你这棵小草有什么关系？"他们谁也不让谁。小朋友，毛衣和青草有关系吗？是不是没有草就没有毛衣？

2. 引导幼儿根据已有的生活经验自由争论。

＊鼓励幼儿自由结伴进行争论。

---

① 中央教育科学研究所早期教育研究中心. 幼儿园和谐发展课程教师用书（中班下）[M]. 北京：教育科学出版社，2009：89-90.

＊教师以参与者的身份来到幼儿身边，倾听幼儿的争论，引导幼儿说出道理而不是用"不"或"是"进行辩论。

3. 小结幼儿谈话的内容，引导幼儿有意识使用"因为……所以……"等。

＊请部分幼儿到集体面前谈论青草和毛衣的关系。

＊教师通过重复、补充和纠正幼儿的话，引导幼儿学习推理性语言。例如：××说，没有青草就没有毛衣，这是因为毛衣是用羊毛线织出来的，羊毛线是用羊毛纺出来的，羊毛是从羊身上剪下来的，羊是吃青草长大的。

4. 引导幼儿拓展谈话范围，鼓励幼儿使用推理性的语言说明自己的观点。

＊教师：羊非要吃草才能长大吗？

＊教师：毛衣一定要用毛线才能织出来吗？

【分析】

辩论经验是一种主要的谈话经验，对幼儿口头语言能力的发展，特别是议论性讲述能力的发展具有促进作用，也有利于发展幼儿简单的分析能力、发散思维和批判性思维等。幼儿早期的辩论经验主要表现为参与对某一现象的讨论，在参与讨论的过程中重点发展倾听他人观点和表达个人观点的能力。对于中班幼儿来说，在辩论的过程中，论的成分多于辩的成分。该活动设计准确地把握了辩论经验学习的核心。

首先，活动目标定位在"愿意参与争论""学习辩论规则（轮流发表见解）"和"学习使用推理性的语言"三个方面，要求幼儿能够围绕"青草和毛衣有没有关系"这个话题进行辩论，既符合幼儿现有的认知水平，也符合幼儿现有的辩论能力发展水平。

其次，以讲故事开始，在故事中通过毛衣和青草之间的对话点明需要辩论的问题"毛衣和青草有关系吗"，从而引入辩论话题，既有利于幼儿产生对辩论话题的兴趣，有利于调动幼儿有关毛衣、青草以及二者之间关系的已有认知经验，也为幼儿形成自己的观点和选择论据提供思路。

最后，教师的提醒（不使用"不"或"是"）以及对幼儿辩论时使用的语言进行重复、补充和纠正，既可以帮助幼儿了解辩论的规则，也可以帮助幼儿学习同伴辩论的技巧和合适的语言使用。活动的第四个步骤则有利于幼儿在其他辩论活动中巩固相关的辩论经验。

需要注意的是，该活动的顺利开展有赖于幼儿具备有关毛衣是如何制作的、毛衣制作的原料等方面的知识。因此，教师至少应当在活动前事先了解幼儿有关毛衣制作的相关经验或者事先要求幼儿询问家长自己的毛衣是什么做的。这样，幼儿在辩论的过程中才有可能顺利寻找到论证自己观点的证据。

区域活动后的回顾（中班）

活动目标

1. 围绕关键内容分享和讨论，引发深层次的探索与学习。

2. 完整表达个人的操作经验。

3. 通过有条理的讲述发展推理能力。

活动准备

1. 幼儿熟悉"计划—工作—回顾"的区域活动学习方式；幼儿有在集体面前发表意见、参与讨论的经验。

2. 液晶电视、电脑、照相机等硬件配置；科学区、建构区在近阶段探究活动中使用的材料。

活动过程

话题一：检查区域活动计划的执行情况。

*教师出示大计划表，对照幼儿进区活动前的计划①，询问幼儿是否执行了预先计划。

*教师：看，这是刚才在语言区的小朋友谈到的内容，他们计划要做××游戏（或完成××任务）。谁来谈一谈玩得怎么样？有什么发现要和大家分享？

话题二：科学区的经验分享与问题探究。

*围绕近期的探究主题"电的资源包"，幼儿结合回顾内容，进行经验分享或问题探究，引发深层次的学习。

*教师：××，我看到你和××在玩"电的资源包"时发生了争论，你能告诉大家，你们遇到了什么问题？

*教师出示幼儿在科学区活动的照片，请个别幼儿上前指出他们共同关注的问题，引发幼儿共同讨论并尝试解决问题。

话题三：建构区的经验分享与问题探究。

*围绕近期的探究主题"斜坡"，幼儿结合回顾的内容，展开经验分享或问题探究，引发更深层次的思考或进一步拓展游戏内容。

*教师：上一次，建构区的小朋友研究了怎样用积木砖搭出不同斜度的斜坡的问题。今天，你们在这些斜坡上玩起了小汽车的游戏，有什么发现？

*教师出示相关照片，在个别幼儿分享的基础上，引导幼儿仔细观察不同角度的斜坡上的小汽车的下行速度不同，思考坡的斜度与小汽车下行速度之间的关系。

---

① 在前面的环节中，教师根据幼儿的预想，在大计划表一侧的空白处做了相应的图文标记。——作者注

话题四：有关区域活动常规的讨论。

*根据区域活动中幼儿的表现，针对常规问题或现象展开讨论，完善班规或分享经验。

*教师：老师发现今天建构区的玩具收拾得特别快，你们用了什么好办法？

设计者：汤鹄、郑春丽（广东省深圳市南山区机关幼儿园）

【分析】

在幼儿园，区域活动后通过回忆对幼儿在不同区域的活动进行小结，几乎是"规定动作"，通常的做法是请幼儿分享自己在区域活动中的表现，然后进行简单评价。但是，利用小结促进幼儿讲述经验学习，特别是说明性讲述经验的有效学习，却并没有引起大家的足够重视。该活动为如何在区域活动后的回顾中促进幼儿讲述能力的发展做了比较好的示范。

进行说明性讲述是幼儿学业语言学习的开始。在此过程中，幼儿需要运用比较、分析、归纳、推理等一些高级认知能力，因此教师的引导至关重要。在该活动中，教师采取了以下方式促进幼儿说明性讲述经验的发展。首先，利用图表（如大计划表）、反映幼儿活动过程的照片等材料，帮助幼儿回忆他们在区域活动中的表现，使其讲述更加完整。其次，每个环节聚焦一个问题（如遇到的问题、有什么发现、用了什么好办法），帮助幼儿整理信息，使其讲述更加有条理。最后，设置不同的任务，帮助幼儿学习不同类型的说明性讲述经验。如在第一个步骤中，教师要求幼儿比较自己计划的活动与实际发生的活动之间的异同；在第二和第四个步骤中，教师要求幼儿说明他们在活动中遇到的问题或者快速收拾玩具的好办法；在第三个步骤中，教师要求幼儿说出的内容是坡的斜度与小汽车下行速度之间的关系。

当然，区域活动后的小结未必都是说明性讲述。对于年龄较小的幼儿来说，可以从幼儿熟悉的叙事性讲述（即故事讲述）开始。

晴天好还是雨天好（大班）

活动目标

1. 清楚表述喜欢或不喜欢晴天或雨天的观点，对辩论活动感兴趣。

2. 初步了解辩论活动中陈述、对比、假设、反问等常用的辩论方法。

3. 能遵守轮流发言、举手示意、有序抢答等基本的辩论规则。

活动准备

1. 幼儿提前了解晴天和雨天给人们生活带来的好处及不便，观看成人辩论的视频，简单了解辩论的基本过程。

2. 晴天、雨天图片各 1 张，"辩论、陈述、对比、反问、假设"等字卡各 1 张，黑板 1 块，长条桌 1 张，小椅子若干。

活动过程

1. 引出辩题，激发幼儿参与活动的兴趣。

*教师出示晴天、雨天的图片，组织幼儿开展简单谈话：这里有两张图片，你们猜一猜它们分别代表什么意思？

*教师：在我们生活的这个地方，晴天多还是雨天多？你更喜欢晴天还是雨天？

*教师小结：小朋友的观点不一样，有的喜欢晴天，有的喜欢雨天，相信你们一定有自己喜欢的理由。

2. 创设辩论环境，引导幼儿了解辩论的基本含义，激发幼儿想说的欲望。

*教师出示字卡"辩论"，引导幼儿讨论：现在，我们进行一项非常有趣的活动——辩论。谁知道，什么是辩论？

*教师小结：辩论就是争论。大家有两种不一样的观点，每个人都来说自己的理由，最重要的是要说服对方。

＊幼儿根据自己的意愿选择队伍，分为晴天队、雨天队，教师根据情况加以调整。

3. 进行第一场辩论：轮流发言，阐述自己的理由。

＊教师：你在发言的时候，眼睛要看着谁？别人发言的时候，你要怎么做？

＊幼儿轮流发言，阐述自己喜欢晴天或雨天的理由。教师提醒幼儿说出自己最想说的理由。

＊教师小结：你们都说出了自己喜欢晴天或者雨天的理由，表现得非常自信，说得很清楚。

4. 进行第二场辩论：举手发言，说出更多不一样的理由。

＊教师：除了刚才说过的理由，还有没有其他的理由来证明你的观点呢？现在给大家一分钟的时间，先和你旁边的小朋友互相说一说。

＊鼓励幼儿举手说出更多的理由，对幼儿的现场语言及时梳理、反馈，提醒幼儿遵守举手发言、安静倾听的辩论规则。

＊教师小结：在举手发言中，小朋友们说出了更多不一样的理由，而且用到了一些小方法来和对方辩论，非常棒。

5. 进行第三场辩论：自由辩论，根据对方的观点进行反驳。

＊教师：自由辩论是怎样的辩论？辩论最重要的是要说服对方，可是怎样才能说服对方呢？

＊教师小结：自由辩论的时候要仔细听对方说的是什么，他的理由有没有道理。如果没有道理，就要抓住这个理由说服他。如果你的理由很充分、非常有道理，也可以说服对方。

＊幼儿自由辩论。教师重点鼓励、引导幼儿关注对方的观点并进行反驳，通过解决自由辩论中出现的矛盾冲突从而建立有序抢答的规则。

6. 师幼评价，梳理提升参加本次辩论活动获得的新经验。

＊教师：你们感觉自己表现的怎么样？哪里好？哪里不够好？

*教师根据幼儿的现场表现，从阐述观点、遵守规则两方面给予积极评价。

*教师出示字卡"陈述、反问"等，提升幼儿对辩论中使用的策略和方法的认识。

*教师：你们在辩论的时候用到了很多小方法。有的小朋友说"我喜欢晴天，因为晴天可以晒被子"，说话非常清楚完整，这就是一种方法，叫作陈述（出示字卡"陈述"）。有的小朋友说"如果晴天的话就……""如果雨天的话就……"，这也是一种方法，叫作假设（出示字卡"假设"）。有的小朋友说"晴天的时候可以出去玩，雨天的时候不能出去玩"，这种方法叫作对比（出示字卡"对比"）。

*教师：你们今天用到了这么多的辩论方法，自己都不知道吧？以后再辩论时，我们还会用到更多的方法。有了这些方法，你们就很容易说服对方了，因为用这些方法说出来的话非常有力量，会让对方无话可说。

设计者：王翠霞、刘静（山东省淄博市实验幼儿园）

【分析】

辩论是非常具有挑战性的活动。如何通过适宜的活动促进幼儿辩论核心经验的形成，一直是教师关心的问题。该活动为我们解决该问题提供了一些思路。

1. 选择生活话题，打开"话匣子"

"晴天好还是雨天好"是一个很生活化的话题。每天，幼儿感知不同的天气以及不同天气对他们生活的不同影响。不论在家里还是在幼儿园，大家都会讨论天气，而且很多幼儿园还会开展"天气预报"的活动。关于天气的生活经验，幼儿已经积攒了很多。这时，教师选择"晴天好还是雨天好"这个话题，无疑是打开了幼儿的"话匣子"，他们会有很多话说。

2. 实施递进策略，推动辩论深入

真正要让幼儿的语言和思辨能力有所提升，还需要教师有逐步递进的教学策略，使辩论一步步深入，使幼儿的评判能力向上发展。

该活动有三场辩论：轮流阐述、举手发言和自由辩论。在这之前还有预热，讨论"什么是辩论"。在这之后还有评价，即幼儿自我评价。因此，该活动实际上进行了五场讨论，使幼儿的思维能力呈螺旋式上升。特别是中间的三场辩论更是促进了幼儿解释并坚持自己观点的经验发展。

第一场辩论采用轮流的方式，一方面给予每名幼儿均等的话语机会，另一方面也赋予每名幼儿一个适度紧张的信号——我要发言，使他们积极调动已有经验去参加辩论。在让幼儿阐述自己喜欢或不喜欢晴天或雨天的理由时，教师用的语言是"说出自己最想说的理由"，其目的在于有意降低幼儿说话的"门槛"，提示幼儿从最自信的话开始讲，增强辩论的信心。

第二场辩论让幼儿的角色发生了变化，辩论进入自主阶段。说不一样的理由，意在拓展幼儿的思路，调动幼儿更多的已有经验，引导幼儿从不同的角度寻求论据并用语言表达出来，同时促进幼儿多角度坚持自己观点的核心经验发展。一分钟的相互交流，既为经验丰富的幼儿提供了梳理语言的时间，也为缺少经验的幼儿提供了启发和借鉴。

第三场辩论更加注重引导幼儿关注对方并初步尝试对辩，鼓励幼儿使用"抓对方不好"和"用自己很充分的理由"两个策略说服对方，推进辩论从本能反驳向有意识、有针对性、交锋式的反驳发展，这是辩论活动的质的提升。

前期的预热和后期的评价也起到了很好的作用。"什么是辩论"的讨论，让幼儿开始"练练嘴皮子"，敢于表达和善于表达的人会先说，为大多数幼儿营造想要表达的氛围。从好和不够好两方面进行评价，让幼儿在评价中找到了自信，也发现自己的不足而进行自我修正。

3. 放手错误行为，形成辩论规则

辩论是有一定规则的讨论。规则不清或不守规则都将使辩论陷于混乱局面，导致辩而无果。单纯地讲解或讨论规则，可能会出现幼儿不理解或不遵守的现象。因此，在自由辩论阶段，教师有意放手，等待幼儿因没有遵守规则而出现矛盾和冲突，如多人同时发言、互不相让、一片混乱无法听清等，让幼儿亲身感受到没有规则就没法辩论。这一冲突的产生，将规则的意义凸显出来，也使幼儿站在不同的角度制定并完善规则。

4. 总结辩论方法，提升思维能力

在活动的最后阶段，教师对幼儿使用的辩论方法进行了提炼和总结。辩论的方法有很多种，如陈述、假设、对比、反问、举例等。教师如果直接告诉幼儿辩论有哪些方法，相信幼儿很难理解这些概念，但教师是以幼儿的具体表现为例，让幼儿很轻松地理解了什么是陈述、什么是假设等。幼儿一旦理解了这些概念，就会更加激发自己的辩论兴趣和热情，推动辩论活动从无意向有意发展，也会更加促使自己有意识地积累和运用辩论方法，促进思维能力的发展。

第四章 ●●●●●●●●●●●●●●●●●●●●●●●●●●

基于幼儿讲述经验学习与发展的
活动指导——讲述活动

　　讲述活动为幼儿创设的是正式口头语言交往情境，要求幼儿在集体面前表达自己对某一图片、实物或情境的认识和看法。讲述活动的主要目标是培养幼儿按照一定的思路进行语言表达的技能，感知、理解讲述对象的技能，在集体面前完整讲述的技能，对自己的讲述内容进行初步构思的技能。讲述活动强调幼儿学习运用相对正式的语言有条理地表达，强调幼儿说出自己对讲述对象的现场感知经验。

第一节　讲述活动的内涵与特点

一、讲述活动的内涵

　　讲述活动是一种有目的、有计划地培养幼儿语言表述能力的语言领域教育活动，是教师有计划组织的专门指向幼儿讲述经验学习的集体教学活动，创设的是正式的口头语言表达的情境，使幼儿有机会在集体面前表述自己对某一图片、实物或情境的认识、看法等，学习表述的方法和技能。这类活动要求幼儿积极参与命题性质的讲述实践，帮助幼儿逐步获得独立构思和完整连贯表述的语言经验。讲述活动是幼儿获得讲述经验的主要途径。

讲述活动可以按照多种方式进行划分。按编码特点分类，讲述活动可分为以下类别：第一，叙事性讲述。用口头语言把人物的经历、行为或事情发生、发展、变化讲述出来，要求说清楚人物、事件、时间、地点和原因，要求说明事情发生、发展的先后顺序；第二，描述性讲述。用生动形象的语言，把人物的状态、动作或物体以及景物的性质、特征具体讲述出来。如讲述"××的照片"时，要求幼儿具体描述照片上的人是什么样的、正在干什么、他们的表情如何、自己看了照片之后的感觉等。按照凭借物的特点分类，讲述活动可分为以下类别：第一，看图讲述。看图讲述的凭借物是图片，表现静止瞬间的暂停形象。图片可以是印刷出版的图画，可以是教师自己构画制作的，可以是半成品的边讲边构画的图画，可以是幼儿画的几张图。第二，情境表演讲述。情境表演讲述是由扮演的角色实际演出一系列动作、发展情节并表现出连续性的事件，幼儿凭借对情境表演内容的理解来进行讲述，包括真人表演的情境讲述和用木偶表演的情境讲述，或是真人与木偶共同表演的情境讲述。第三，实物讲述。实物讲述是以实物作为凭借物，包含真实的物品、玩具、教具和外在自然景物等。指导幼儿感知理解实物并进行讲述，最重要的是帮助幼儿把握实物的特征。

二、讲述活动的特点

讲述活动具有以下特点。

1. 有一定的凭借物

讲述有一定的凭借物，是讲述活动的独特之处。在讲述活动中出现凭借物，基于两个方面的考虑。首先，符合幼儿讲述学习的需要。成人讲述一件事或一个物体时，可以凭借当时出现在眼前的实物，也可以凭借脑海中留存的记忆。考虑到幼儿经验和表象积累不足的实际情况，幼儿在讲述活动中不能完全凭借记忆进行讲述，否则会出现两种情况：要么幼儿因记忆中材料不够而无法达到讲述要求，要么幼儿因集中注意搜索记忆中的经验而忽视对讲述内容的组织以及正确表达。其次，讲述活动是一种集体参与的活动。无论活动参与人数多寡，幼儿都要在集体面前进行讲述。因此，讲述活动需要有集体指向，要求幼儿就相同的内容进行构思，表述个人的见解。

2. 有相对正式的语境

讲述活动为幼儿创设的是一种学习和运用相对正式的口头语言的场合。在讲述活动中，幼儿不能像在谈话活动中那么宽松自由地交谈，而要在慎重考虑后才能发表个人见解。讲述也不能有很大的随意性，而要经过完善的构思，有头有尾地说出一段完整的话。在用词造句方面，讲述要尽量注意正确性、准确性并合乎语言规则。如同样是说与春天有关的内容，幼儿在谈话活动中可以随便谈论，如"我看到小草发芽了""小草才露出一点点绿的颜色，嫩嫩的，有一点好闻"。而在讲述活动时，幼儿则要根据图片内容说："春天来了，冰雪融化了。小草透出了一点点绿色，柳树发出了新芽，春风轻轻地吹过……"

3. 锻炼独白语言

在讲述活动中，幼儿的语言交流对象不明确，往往由一个人讲给多人听，话语相对长。同时，彼此所说的一段话并不需要上下紧扣，而是相对独立、各成篇章的。因此，幼儿要学习的是独白语言，语言要求比谈话的语言要求高。需要注意的是，幼儿要在谈话活动和日常交谈中发展自己运用语言与人交往的能力，但同时也要逐步具备一定水平的讲述能力。

第二节　讲述活动的目标指向与活动指导

讲述活动主要培养幼儿认真倾听的习惯和按照一定的讲述思路进行完整、连贯、清楚表述的能力。

一、讲述活动的目标指向

1. 形成感知、理解讲述对象的能力

幼儿不仅要学会说自己的想法，还要学会按照主题要求去构思和说话，这就需要幼儿懂得积极地感知、理解说的内容，而讲述活动就是提高这方面能力的良好途径。感知、理解讲述对象，获得有关对讲述对象的描述要求，不仅要求幼儿听懂指示，还要观察讲述对象——凭借物，然后运用概念、想象、判断、推理等多种思维形式。此过程并非简单的听和说，而是包含了语言和语言之外的认知加工。

2. 培养独立构思与清楚完整表述的意识、情感和能力

讲述活动从三个方面提高幼儿的语言水平。首先，在集体场合自然大方地讲话。如勇于在许多人面前说出自己的想法；乐于跟别人分享自己的观点，积极地说话；在集体面前说话不忸怩作态、不脸红害羞、不胆怯退缩；用大于平时讲话的音量和正常的语调、节奏在集体面前说话。其次，使用正确的

语言内容和语言形式进行讲述。幼儿在语言学习过程中，会出现语音、语法、词汇方面的错误，但是通过尝试，错误可以得到修正。讲述活动要求幼儿使用规范化的语言，就是引导幼儿不断纠正错误，提高使用正确语言内容和语言形式的水平。最后，有中心、有顺序、有重点的讲述。有中心的讲述，要求幼儿敏锐地察觉说话范围，在讲述时不跑题，不说与中心内容无关的事。有顺序的讲述，要求幼儿按照一定的逻辑规律组织表达自己的口头语言，增强说话的清晰度、条理性。有重点的讲述，要求幼儿抓住事件或物体的主要特征，传达最重要的信息，而不是讲话时漫无目的。

3. 掌握对语言交流清晰度的调节技能

在讲述活动中，幼儿从以下方面掌握对语言交流清晰度的调节技能。首先，增强对听者特征的敏感性。讲述活动要求幼儿的说话与交流要有共同指向的内容，从而促使幼儿关注别人的言谈内容以及自己所说的与别人所说的内容之间的关系，努力使听众对自己所说的内容产生兴趣，并为他们理解。其次，增强对语境变化的敏感性。讲述活动要求幼儿使用不同于其他场合的语言进行交流。即使在讲述活动范围内，每一次给幼儿提供的语言环境也不尽相同，对幼儿提出了不同的感知语境变化的要求。幼儿在讲述过程中，逐步发展自己对语言变化的敏感性。最后，增强对听者反馈的敏感性。幼儿需要学习根据听者所做出的反馈，及时调整自己说话的内容和方式。掌握这一种技能，幼儿需要具备两方面的能力：一是及时发现听者的信号；二是讲话人要能够根据听者反馈的信息，对所说内容进行修正。

二、讲述活动的活动组织

讲述活动的活动组织可按以下步骤进行。

1. 感知理解讲述对象

在组织讲述活动时，教师首先要帮助幼儿感知理解讲述对象。感知理解讲述对象，主要采取观察的方式。观察既包括借助视觉通道汲取信息，也包括从其他感觉通道汲取信息。

教师指导幼儿感知理解讲述对象，可以从以下方面进行。首先，依据讲述类型的特点感知理解讲述对象。如叙事性讲述应重点感知理解事件发生的过程以及人物在其中的作用，描述性讲述重在感知物体或人物的状态动作、特征等。其次，依据凭借物的特点感知理解讲述对象。讲述活动中的凭借物是多样的，教师在指导幼儿感知理解讲述对象时，应抓住不同凭借物的特点。最后，依据具体的活动要求感知理解讲述对象。每次活动的目标是不一样的，有时要求幼儿有中心、有重点地讲，有时要求幼儿有顺序地讲。教师要根据具体活动的要求，指导幼儿观察，以便为讲述打好基础。

2. 运用已有经验讲述

教师要尽量放开，鼓励幼儿自由讲述，给他们以充分的机会去实践运用已有的讲述经验。组织幼儿运用已有经验讲述的方式可归纳为三种。首先，幼儿集体讲述。这种方式虽然保持集体活动的状态，但是给每名幼儿提供了围绕感知对象充分自由发表个人见解的机会。其次，幼儿分组讲述。一般情况下，分组讲述为每组 4 人，幼儿有更多机会围绕同一感知对象轮流讲述。这种形式能保证每名幼儿均有讲述的机会。最后，幼儿个别交流讲述。教师可让幼儿就近与邻座结对轮流讲述，也可让幼儿对着假想角色讲述。

教师在指导幼儿运用已有经验进行讲述时，需要注意两点：一是在幼儿自由讲述前，教师交代清楚讲述要求，提醒幼儿要围绕感知理解的对象进行讲述；二是在幼儿的自由讲述中，教师注意倾听幼儿的讲述内容，发现幼儿讲述中的闪光点以及存在的问题。教师不要过多指点幼儿讲述，最多以插语、简单提问的方式引导幼儿讲述。

3. 引进新的讲述经验

新的讲述经验是讲述活动的重点，主要是指讲述的思路和讲述的方式。引进新的讲述经验的方式有以下三种。首先，教师示范新的讲述经验。教师在幼儿讲述的基础上，提出一种新的讲述思路，就同一讲述对象发表个人见解。教师的示范只是讲述思路中的一种，绝不是幼儿复述的模本。其次，教师通过提示引进新的讲述经验。教师可用提问、插话的方法引发幼儿的讲述思路，为他们导入新的讲述经验。最后，教师与幼儿一起讨论新的讲述思路。教师从分析某一位幼儿的讲述内容入手，边问边答并和幼儿一起分析讨论，帮助幼儿厘清讲述顺序，与幼儿一起归纳新的讲述思路。

4. 巩固和迁移新的讲述经验

在讲述活动中，只引进新的讲述经验是不够的，还需要提供幼儿实际操练新经验的机会。巩固和迁移新的讲述经验，有一些具体做法。首先，由 A 及 B。当幼儿学习了一种新的讲述经验后，教师立即提供同类内容，让幼儿用讲 A 的思路去讲 B。其次，由 A 及 A。教师在示范新的讲述经验并帮助幼儿厘清思路后，让幼儿尝试用新的讲述方法来讲同一件事、同一内容。最后，由 A 及 A1。教师在原有讲述内容的基础上，提供扩展或延伸原内容的讲述机会。

三、讲述活动的日常指导

讲述活动日常指导的重点在于引导幼儿在日常生活中运用在集体活动中学到的讲述经验，促进幼儿讲述经验的巩固和丰富。具体方式参考如下内容。

首先，给幼儿提供在集体面前讲述的机会，引导幼儿从中体验到满足感和自信心。如在游戏活动后，教师请幼儿回忆、讲述或展示他们在操作活动中做的事；在户外活动结束时，教师鼓励幼儿说一说他们喜欢玩的游戏；等等。这些活动有利于幼儿锻炼完整讲述的能力。

其次，示范讲述的方法或技能。如外出参观回来后，教师除了请幼儿讲述自己的所见所闻之外，还可以说一说自己的想法；和幼儿讲话时，教师使用的语言要清楚、简洁。

最后，鼓励和帮助。当幼儿遇到讲述困难时，教师要进行鼓励和帮助，有利于幼儿建立讲述自信，锻炼其讲述能力。当幼儿因急于表达而说不清楚的时候，教师提醒他不要着急、慢慢说，耐心倾听并给予必要补充，帮助他厘清思路并清晰地说出来。

第三节　讲述活动案例与分析

奇怪的洞（中班）

活动目标

1. 尝试根据图片反映的环境、心情、动作、情节等不同线索进行讲述。

2. 在对话框的帮助下，丰富角色对话并能清楚讲述。

活动准备

1. 挂图。

2. 云朵状对话框。

活动过程

1. 出示挂图 1 和挂图 4，引导幼儿猜想挂图中可能发生的故事情节。

＊教师：谁能用完整的话把这两张图讲清楚？谁有不一样的想法？猜一猜这两张图之间到底发生了什么事情？

＊鼓励幼儿大胆猜想两张图之间发生的故事。

2. 出示挂图 2 和挂图 3，引导幼儿充分观察挂图并创造性讲述。

＊教师：这两张图讲了什么事？哪里看不懂？谁能解释一下？谁能把这个故事完整讲一讲？

＊引导幼儿细致观察，讲述故事。

3. 引导幼儿用对话框的方式丰富讲述内容。

＊教师：你在哪里见过对话框？它有什么作用？

＊教师介绍对话框的作用，引导幼儿了解对话框的作用。

＊教师：对话框贴到哪里，哪里就会发出声音。猜一猜，它会说些什么？

＊教师出示一张有字的对话框，放入挂图 4 中进行示范讲述。

＊教师：我这里还有一些对话框，它们可以放在哪里？该说些什么？引导幼儿大胆运用对话框讲述角色对话。

4. 幼儿分组讲述。

＊教师：请小朋友完整清楚地讲一讲图片内容，用对话框讲述角色对话和心情变化。

＊引导幼儿完整并运用生动丰富的词语进行讲述。

5. 分享讲述经验。

＊教师：请小朋友到前面来完整讲述图片内容。想一想，我们怎样才能把故事讲清楚？最后，我们给故事起一个好听的名字。

＊教师帮助幼儿梳理故事顺序、角色特点并流畅讲述。

活动材料

[挂图]   奇 怪 的 洞

挂图 1

挂图 2

挂图 3

挂图 4

设计者：恒迪、柴玉瑞（北京市东城区大方家回民幼儿园）

【分析】

在该活动的设计与组织中，教师并没有直接要求幼儿按照顺序观察和讲述，而是运用了多种有效策略，帮助幼儿进行有序观察、比较并围绕重点内容进行想象和语言编构，从而调动幼儿参与观察、想象和讲述活动的积极性，促进幼儿学习和掌握讲述方法，具体表现在：第一，利用对比猜测、变换对话框位置等方式吸引幼儿的注意力，调动或保持幼儿参与活动的兴趣；第二，鼓励幼儿大胆猜测，对图片内容进行合理想象；第三，引导幼儿学习使用对话框，表现出大象喷出鸡蛋时发出的声音和小老鼠与大象之间的对话；第四，通过让幼儿说出不一样的想法、相互解释、相互分享等方式，引导幼儿相互学习，丰富幼儿的讲述经验。

在活动过程中，教师采用了多种手段去引发幼儿参与观察、想象和讲述，但对幼儿在其中可能出现的特殊表现关注不够。如果在每一个环节，教师能够及时发现和鼓励幼儿的独特想法，那么幼儿相互学习的效果会更好。

我说一件事（大班）

活动目标

1. 能根据事件的组成要素，清楚连贯地讲清楚一件事情。

2. 能积极运用材料大胆讲述，感知探索事物之间的联系。

活动准备

1. 神秘袋 6—8 份，里面放置一些有关系的图卡或物品，分别用袋子装好。

2. 背景图若干。

3. 立体动物纸偶。

活动过程

1. 通过讨论，引导幼儿感知完整叙述事件的要素。

＊教师：孩子们，今天是星期几？现在是什么时候？我们现在在哪里？这里有谁？

＊教师：老师把你们说的这些变成一段话，仔细听一听。在这段话里，时间是什么时候？在什么地方？里面有谁？在做什么？

＊教师小结：原来，说一件事情要说清楚时间、地点、有谁、在做什么。

2. 引导幼儿围绕立体动物纸偶讲述。

＊教师出示立体动物纸偶，引导幼儿感知它的特点。

＊教师：这是谁？（一只小兔）这是什么？（一个胡萝卜）

＊教师：现在，老师要将小兔和胡萝卜变成一句话，快听清楚了——小兔爱吃胡萝卜。

＊教师：小兔和胡萝卜在这句话里有没有出现？

＊教师：谁还能说一说，可以和李老师说的不一样，比李老师说的句子要长、要丰富。

3. 引导幼儿说一段完整的话。

＊教师出示神秘袋，提问：神秘袋里都藏着秘密，你们想知道吗？咱们一起说"神秘袋，神秘袋，摸到谁，就说谁"。

＊教师：谁来了？请你将自己见到的事物用一句话说出来。

＊教师：小朋友说得很好，句子里有小猫和小鱼、小兔、萝卜，那还能怎么说？（增加动作描述）

＊教师：小朋友说得真好，把小动物走路的样子都说出来了，还可以说得更好吗？小鸭钓到了小鱼，他的心情怎样？小兔呢？（增加心情描述）小鸭的心情非常好，他还会说什么呢？

＊教师：刚才你们表现得非常棒，能把神秘袋里的东西放在一段话里了。现在，老师要考考你们了。

＊教师出示背景图，提问：这是哪里？（草地）仔细听，老师是怎么说的？

＊教师：在绿油油的草地上，小兔正在吃萝卜。这时，小鸭跑来找小兔玩。

＊教师：听了老师的话，你知道小兔和小鸭在哪里玩吗？（草地上）哦，原来老师添加了地点，可以说得更加具体和清楚。

＊教师：有一天早上，在绿油油的草地上，小兔正在吃萝卜。这时，小鸭跑来找小兔玩。（增加时间描述）

＊教师：还添加了什么？（有一天早上）"有一天"是表示时间还是地点？请你说一些表示时间的词语吧。

＊教师：谁能够说得更有意思呢？大家想一想，小兔子是怎样来到草地上的？他的动作是怎样的？小鸭呢？（更换时间、动作、情节等）

＊教师：我们还能再说一些什么？（增加天气描述）

＊教师：如果换一个场景，更换了人物，你会怎么说？（更换场景、人物）

4. 鼓励幼儿自主自由讲述。

＊幼儿两人一组，选一个神秘袋和背景，然后进行讲述，教师倾听指导。幼儿可以与教师分享，也可以与同伴分享。

＊个别幼儿在集体面前分享讲述。

设计者：李俏（广东省深圳市罗湖区教工幼儿园）

【点评】

该活动的重点目标在于讲述结构的条理性和内容的丰富性，符合大班幼儿叙事性讲述经验的学习要求。

大班幼儿已具备一定的叙事性讲述能力，但对趣味性不强的凭借物或话题讲述兴致不高。因此，教师首先要在讲述凭借物或话题选择上"下功夫"。与以往情境讲述活动不同，该活动的情境并没有完整展现在幼儿面前，而需要幼儿借助神秘袋中的物品和教师提供的图片进行自编讲述，这样一方面增加了故事编构的难度，另一方面激发了幼儿的讲述欲望。

情境导入后，教师采用了层层递进的策略，先请幼儿看教师的示范，再请幼儿说一句不一样的话，然后增加人物、场景并引导幼儿用几句话完整讲述情境中发生的事，最后鼓励幼儿分组操作、编构、合作讲述。这样，幼儿就经历了"感知理解讲述对象——在教师引导下进行讲述——分组边操作边练习讲述——拓展讲述经验（借助新情境讲出新的故事情节）"等阶段，讲述内容也从一句话、一个情节发展到包含多个情节、细节丰富的完整故事。在这样的讲述活动中，幼儿逐渐获得了有条理、有情节、内容丰富的讲述经验。

第五章

基于幼儿语言游戏经验学习与发展的活动指导——听说游戏

听说游戏为幼儿创设的是教学游戏情境，要求幼儿在游戏中按一定规则使用口头语言。听说游戏的主要目标在于培养幼儿在口头语言交往活动中快速、机智、灵活地运用语言的能力，对发音和语言结构特点的敏感性，在游戏中灵活使用相关语言的技能，理解并快速运用游戏规则的技能。听说游戏强调语言学习的目标渗透在游戏规则中，强调在游戏中按照游戏规则无意识地使用语言。

第一节　听说游戏的内涵与特点

一、听说游戏的内涵

听说游戏，是用游戏的方式组织的语言领域教育活动，是教师有计划组织的专门指向幼儿语言游戏经验学习的集体教学活动。这种特殊形式的语言领域教育活动，包含较多的规则游戏的成分，能够较好地吸引幼儿参与到语言领域的学习活动中，在积极愉快的活动中完成语言学习的任务。

听说游戏活动是一种教学游戏，并不等同于语言游戏，但是能够促进幼儿语言游戏经验的获得。如在集体活动中，教师组织幼儿边念边玩地学习儿歌《孙悟空打妖怪》后，幼儿在自由活动时间里就会自发念诵或念玩儿歌并不断发出笑声。教师组织的集体学习游戏活动是教学游戏活动，幼儿在自由时间的自发念诵或念玩则是语言游戏。

二、听说游戏的特点

听说游戏具有如下特点。

1. 在游戏中包含着语言教育目标

每个听说游戏都包含着对幼儿语言学习的具体要求。教师通过对听说游戏活动的组织，将近阶段根据幼儿语言发展水平和语言学习任务提出的语言教学内容，落实到每名幼儿可接受和掌握的教育过程中。在游戏中包含语言教育目标有自身的特殊性，表现在以下方面。

首先，目标具体。听说游戏对幼儿提出的语言学习目标非常具体。如有些地区的小班幼儿对"zh、ch、sh"和"z、c、s"的发音经常混淆，教师用听说游戏的方式帮助幼儿学习正确发音，因此会在这种活动中将"发准 zh、ch、sh 三种卷舌音"作为具体的目标。即便如此，它仍然对幼儿的语言学习产生全面影响。

其次，目标具有练习性。听说游戏是根据近阶段幼儿语言学习的重点要求设计的游戏活动，让幼儿在游戏中复习巩固已学的语言内容，掌握一定的语言知识，真正获得这一方面的语言运用能力。以有关"zh、ch、sh

发音"的听说游戏为例。小班阶段正处于对这几种音敏感且学发卷舌音的重要时期，所以在小班开展有关的听说游戏活动非常重要，它给幼儿提供了练习的机会，让他们有机会真正掌握正确发出"zh、ch、sh"卷舌音的方法。

最后，目标含蓄。听说游戏将目标贯穿在游戏活动中，让幼儿边玩边说，不知不觉地完成学习任务，达到活动要求，这是听说游戏特有的优势。

2. 将语言学习的重点内容转化为一定的游戏规则

凡是听说游戏，都带有一定的游戏规则。听说游戏中的规则不是凭空制定的，而是教师在设计听说游戏时，根据具体的语言教育目标和适当的语言学习内容，将语言学习的重点转化为了一定的游戏规则。幼儿参与听说游戏时，必须遵守游戏规则，按照规则进行游戏。

游戏规则从性质上分为两种。一种是竞赛性质的游戏规则。幼儿在游戏中如果听准了、说对了，就达到了学习要求。竞赛性质的游戏规则在听说游戏中会产生激励效应，促使幼儿更主动积极地投身于游戏活动。另一种是不具有竞赛性质的游戏规则，但同样能产生激励效应。如小班听说游戏"小白兔吃青草"。教师扮演兔妈妈，带领小白兔吃青草，幼儿边跳边念儿歌："小白兔，跳跳跳，一跳跳到草地上，吃吃吃，吃青草。吃吃吃，吃个饱。"反复念几遍后，一只大灰狼跑出来，大吼一声"大灰狼来了"，小白兔需要纷纷跑到兔妈妈身边蹲下，意味着回到家受到了兔妈妈的保护，否则会被大灰狼吃到。虽然游戏规则看似不直接与幼儿说什么有关，但幼儿却知道念儿歌后可能会有大灰狼跑出来，然后是追逐逃跑，所以念儿歌与后面的追逐逃跑密切联系在一起。

3. 在活动中逐步扩大游戏的成分

听说游戏兼有活动和游戏的双重性质，并有明确的学习任务。活动开始时，教师需要帮助幼儿理解游戏内容，交代游戏规则，示范游戏玩法。然后，教师带领幼儿开展游戏。在幼儿熟悉游戏规则、逐步掌握游戏玩法后，教师放手让幼儿独立游戏。应当说，听说游戏以活动的方式进入，最后以游戏的方式结束。

实际上，听说游戏存在着由活动向游戏过渡的三种转换。第一，由外部控制向内部控制转换。刚开始时，幼儿只是被动观察、听讲、思考。当产生兴趣后，幼儿不由自主地跟随教师参与游戏。在掌握规则后，幼儿尝试自己游戏，最终完全主动积极地投入到游戏中。第二，由真实情境向假想情境转换。刚开始时，幼儿所处的情境仍然是真实情境。随着幼儿参与游戏的深入，他们开始扮演某一角色，想象可能的情节、动作、语言，所处环境也发生了变化，成为假想情境。第三，由外部动机向内部动机转换。刚开始游戏时，外部动机决定了幼儿参与的积极性。然而由于听说游戏的特点，幼儿在游戏中的自主成分会越来越高，他们的主动性、积极性也得以充分发挥，游戏越来越具有明显的内部动机。

第二节 听说游戏的目标指向与活动指导

听说游戏能激发幼儿运用语言玩游戏的愿望，帮助幼儿完整理解并快速运用游戏规则，在游戏中自然练习发音或语言结构，从而获得新的语言知识。

一、听说游戏的目标指向

听说游戏的目标指向表现在以下方面。

1. 按一定规则进行口语表达练习

所谓一定规则是指按照语言规范制定的游戏规则。按照一定规则进行口语表达练习，主要包括三方面的内容。首先，复习巩固发音。教师可根据幼儿语音学习的四种需要来组织活动，即难发音的练习、方言干扰音的练习、声调的练习、发声用气的练习。其次，扩展练习词汇。积累词汇、增加口语表达内容，是幼儿语言学习的重要方面。听说游戏着重引导幼儿积累以下两方面的词汇学习经验：一是同类词的组词经验。听说游戏让幼儿做同一类词汇如何扩词的练习，鼓励幼儿在听说游戏中按照一定的规则去扩展；二是不同类词的搭配经验。词汇的搭配通常与语言习惯和经验有关，是社会约定俗成的表现，但也有一定的规则。最后，尝试运用句型。无论是简单句，还是复合句等，均有多种类型的句式，要理解、掌握并熟悉运用都需要经过一定的练习。听说游戏有意识地帮助幼儿通过专门且集中的学习，迅速把握某一种句法的特点规律，在运用中提高熟练使用的水平。

2. 提高积极倾听的水平

以游戏的方式组织听说游戏，对提高幼儿的积极倾听水平具有特殊作用。教师在思考听说游戏的目标时，应注意以下问题。首先，听懂教师的讲解，理解游戏的规则。教师在听说游戏开始时，向幼儿提出一定的要求，然后布置活动任务并对任务做出解释，讲解游戏示范的规则。能否听懂教师的指令、理解游戏规则，直接影响幼儿参与游戏的状态。其次，听懂游戏指令，把握游戏进程。在游戏过程中，幼儿随时需要把握游戏中传出的指令，做出相应的反应。所有的指令一环扣一环，幼儿在游戏中必须敏锐感知，否则无法进行游戏。最后，准确把握和传递有细微区别的信息。如有的听说游戏专门设置倾听的圈套，要求幼儿辨别某几个相似音的差异，做出相应的反应；有的听说游戏要求幼儿准确传递信息，错了便会闹出笑话。这些活动可以较好地提高幼儿倾听的精确程度，最终对他们完整倾听能力的培养产生良好作用。

3. 发展语言交往的机智性和灵活性

听说游戏对幼儿运用语言以及和人交往能力的提高具有很大挑战，可以使幼儿运用语言的能力得到锻炼。在听说游戏中培养幼儿语言交往的机智性和灵活性，从根本上说，是提高幼儿语言交往反应敏捷的能力。教师应注意以下问题。首先，迅速领悟语言游戏规则的能力。由于听说游戏将幼儿语言学习的重点转换为游戏规则贯穿于活动始终，幼儿掌握游戏规则便意味着掌握语言规则，所以幼儿在听说游戏中需要迅速领悟游戏规则，否则便无法实现参与游戏的愿望。其次，迅速调动个人已有的语言经验能力。幼儿在参与听说游戏时，需要根据一定的规则迅速调动个人已有的语言经验进行信息编码，但是这种场合不允许幼儿慢慢想、细细思考。如果速度太慢，游戏便要受到影响。最后，迅速以符合规则的方式进行表达的能力。在信息编码的同时，幼儿也获得了快速反馈信息的机会。听说游戏要求幼儿按照一定的方式说活，没有太多的时间去仔细斟酌，一切都是在短暂的直觉状态下说出来的，因此需要培养语言快速应答的能力。

二、听说游戏的活动组织

听说游戏的活动组织包括以下四个步骤。

1. 设置游戏情境

在听说游戏开始时，教师需要通过一些手段去设置游戏情境。设置方式一般有以下三种。第一，用物品创设游戏情境。教师使用一些与活动有关的物品、玩具或者日用品等，布置游戏的环境。第二，用动作创设游戏情境。教师靠动作表演，让幼儿想象出游戏的角色或者游戏场所，进而产生游戏的气氛。第三，用语言创设游戏情境。教师通过自己说的话，直接描述或指出游戏中角色以及所处的环境。

2. 交代游戏规则

在创设游戏情境后，教师接着要向幼儿交代游戏规则。教师可以通过语言解释和动作示范相结合的方式，告诉幼儿游戏的规则。教师在交代游戏规则时，要注意以下几点。首先，用简洁明了的语言讲解。切忌啰唆、冗长的解释，以免幼儿抓不住要领，不能及时领悟理解游戏规则。其次，讲清楚听说游戏的规则要点和游戏开展顺序。听说游戏的规则要点一般是游戏中幼儿要按照规范说出的话，教师应当让幼儿明白说什么和怎样说，同时帮助幼儿清楚理解游戏开展顺序，先做什么、后做什么、什么角色做什么。最后，用较慢的语速进行讲解和示范。教师在交代游戏规则时使用的语言应当是减慢速度的语言，尤其是在针对游戏规则回答问题或说一句话时更要注意。这种语言带有示范的性质，可以帮助幼儿理解内容。

3. 教师引导游戏

教师引导幼儿游戏，是一种以教师为主角来指导幼儿游戏过程的方式。教师在游戏中充当重要角色，可以主宰游戏进程。幼儿参与活动的方式有两种：一种是部分参与游戏，即一部分幼儿参加到游戏中，实行轮换，以便另一部分幼儿有观察熟悉的机会；另一种是全体幼儿参加游戏的一部分活动，待幼儿熟悉掌握游戏后，再完整参加游戏。

4. 幼儿自主游戏

在幼儿自主游戏阶段，教师可以放手让幼儿自己开展活动，此时教师处于旁观的位置。在观察幼儿游戏时，教师要注意对个别不熟悉规则的幼儿进行及时指导点拨，帮助这些幼儿更快地加入到游戏队伍中，同时发现幼儿在游戏中可能出现的矛盾与纠纷，予以及时解决，以免因角色分派不当或其他问题影响游戏顺利进行。此外，教师在场本身便是对幼儿的激励，可以使他们意识到自己参与游戏的价值，而教师适度的体态语言能在更大程度上激发幼儿参与活动的积极性，使其保持参加游戏的兴趣。

三、听说游戏的日常指导

在听说游戏日常指导的过程中，教师可采取的策略包括如下方面。

首先，发现与鼓励。幼儿在自由活动时间经常自发地玩语言，如讲笑话、猜谜语等，教师要及时发现这些来自于幼儿自身的语言游戏，鼓励幼儿与其他幼儿分享。这样，一方面可以鼓励该名幼儿的行为，另一方面可以使其成为幼儿相互学习的素材。

其次，有意识指导。在自由活动中，教师有意识鼓励幼儿继续玩集体活动中学到的语言游戏，或改变规则创造性地玩语言游戏，也可以利用过渡时间开展猜谜语、讲笑话等活动。如教师在班上放置了一个谜语盒，每周在一个固定时间内让幼儿猜谜语。谜语的谜面不是教师准备的，而是提前一周让幼儿与家长共同准备的。

第三节 听说游戏案例与分析

爱吃水果的毛毛虫（小班）

活动目标

1. 根据图谱学说完整的一句话。

2. 使用恰当的形容词描述水果。

3. 乐于参加游戏活动，大胆表达。

活动准备

1. 果树图片，可粘贴的苹果贴图、香蕉贴图、橘子贴图。

2. 毛毛虫头饰每人 1 个。

3. 句式图谱。

活动过程

1. 引出活动主题，激发幼儿参与活动兴趣。

＊教师：今天天气真好，我们一块出去玩吧。

＊幼儿头带毛毛虫头饰，随教师模仿毛毛虫的样子进入活动室。

2. 引导幼儿学说完整话。

＊教师：毛毛虫真爱玩，爬到东，爬到西，爬到果园吃果果。爬累了，我们休息一下吧！毛毛虫们快看，我们来到了什么地方？你看到了什么？

＊教师：是呀，这里有好多水果。想吃吗？赶紧坐下来想办法。

＊教师：有什么办法可以吃到水果呢？要吃水果必须说一句好听的魔语。

＊教师出示句式图谱，请幼儿观察，学说完整话"我要吃一个××"。

＊幼儿根据不同水果图片学说完整话。

3. 提高游戏难度，引导幼儿在句中丰富形容词。

＊教师：你们看，树上的水果越来越少了，大树爷爷很着急。他说："毛毛虫们真聪明，魔语说得真好听，我的水果都快被你们吃完了。不行，不行，我要改变魔语了。这次更难，看谁能把它念出来？"

＊教师出示句式图谱，请幼儿观察句式"我要吃一个××的××"。

＊教师：谁会说这个魔语呀？和前面的有什么不一样？"××"是指这是一个什么样的苹果，我们一起来说说看。

＊教师通过提问，引导幼儿学会描述水果的特点，如提问：这个苹果闻起来怎么样？吃起来呢？摸上去什么感觉？

＊教师：原来，形状、颜色、味道都是可以放进去的。

＊幼儿根据不同的水果图片，学说带形容词的完整句。

4. 幼儿分组游戏。

＊教师：毛毛虫们都想去尝一尝水果，但是要记住，每条毛毛虫要说清楚自己要吃一个什么样的水果，然后水果才会从树上掉下来，不过千万不要用手摘，否则大树会生气。

5. 游戏结束。

＊教师：今天吃得好饱，我们一起去做运动吧。

设计者：杨圆圆（浙江省湖州市安吉实验幼儿园）

【分析】

这是一节典型的小班听说游戏活动。教师根据小班幼儿的年龄特点，在"巧"字上做文章，让小班幼儿能学得有趣、有意义。

情境巧。教师创设毛毛虫摘果子的有趣情境，引导幼儿从说简单的词句到把句子说长、说完整，摆脱了以往活动中单一模仿和学说的固定教学模式，让小班幼儿学得更有趣。

设计巧。图谱的设计让幼儿在自主观察的过程中，不断挑战自己的已有经验，学着把话说长、说完整。巧妙的设计将教师的位置后移、幼儿的位置前移，教师在活动中只是辅助者、引导者，而不再是单一技能的传授者。

提问巧。教师使用了大量开放式的问题，引导幼儿大胆表达自己在活动中的想法与发现。

活动过程中有很多巧妙之处，但如果在活动的第三个步骤中能给幼儿更多的自我拓展空间，将会更有利于幼儿语言的发展。如教师鼓励幼儿在完整表述一句话的同时，引导幼儿使用1—2个或更多的形容词，如"我要吃一个红红的、大大的苹果""我要吃一个长长的、甜甜的香蕉"等，鼓励幼儿将已有的生活经验进行自由组合，从而学着把话说得越来越长、越来越丰富，促进幼儿语言能力的不断发展。

剪纸歌（小班）[①]

活动目标

1. 学习边念儿歌边表演动作。

2. 理解儿歌内容，尝试仿编新的儿歌。

3. 感受与同伴一起游戏的快乐。

活动准备

1. 收集部分可供幼儿模仿动作和声音的动物、玩具、汽车等卡片，将它们放在活动室四周。

2. 幼儿已熟悉儿歌内容。

活动过程

1. 带领幼儿边说儿歌边表演。

＊教师带领幼儿集体重复儿歌内容。

＊教师带领幼儿念儿歌，重点学说象声词和动作。

2. 引导幼儿边说儿歌边做动作，仿编新的儿歌。

＊教师出示小兔的图片，提问：小兔怎样走路呀？小兔吃什么呀？

＊教师根据幼儿的回答说一句话，如"剪只小兔，跳跳跳"，然后做出相应的动作。

＊教师出示汽车的图片，引导幼儿和教师一起说一句话并做相应动作，如"剪辆汽车，嘀嘀嘀"，做开汽车的动作。

＊教师出示任意一张图片，幼儿自己拿出"小剪刀"，边剪边说儿歌，学说象声词和动作。

---

① 中央教育科学研究所早期教育研究中心．幼儿园和谐发展课程教师用书（小班上）［M］．北京：教育科学出版社，2009：96-97.

3. 组织幼儿玩"找卡片"游戏，按儿歌句式说一句话。

＊教师和幼儿一起在活动室里找卡片，根据卡片上的内容说一句话并做相应动作。如找到小鸡的卡片后，教师带幼儿做剪纸动作并说"剪只小鸡，叽叽叽"。

＊幼儿自己找卡片，找到后到教师面前说一句话并做相应动作。

＊幼儿在集体面前根据自己找到的卡片内容仿编儿歌，进行经验分享。

活动材料

[儿歌]　　　　　　　　**剪　纸　歌**

小剪刀，真灵巧，

小宝宝，拿剪刀，

剪只小狗，汪汪汪，

剪只小猫，喵喵喵，

剪只小鸟，喳喳叫，

剪只青蛙，跳、跳、跳！

（石林/文）

[玩法]

第一、二句：将食指和中指伸出，其余三指弯曲，当作剪刀，做剪东西的动作。

第三句：五指张开，当作狗的耳朵，放在头上。

第四句：五指张开，当作猫的胡子，放在嘴边。

第五句：学小鸟飞的动作。

第六句：五指张开，当作青蛙的爪子，上下舞动。

【分析】

这是一个借用儿歌《剪纸歌》开展的小班听说游戏，活动过程基于幼儿对这首儿歌的了解，重点在于引导幼儿进行游戏。从活动结果看，幼儿基本上学会了这个游戏，并能通过仿编儿歌的部分内容进行创造性游戏，达到了该活动预定的活动目标。

该活动的突出特点体现在以下方面。首先，活动目标定位准确，直接指向运用语言玩游戏的经验学习。活动目标包括了学习表演、理解儿歌内容并仿编新儿歌、感受边念儿歌边做动作游戏的快乐等，这些都与运用语言玩游戏这个经验有关。目标符合小班幼儿年龄特点，与听说游戏活动目标制定的总体要求吻合。其次，活动过程以边念边玩的形式展开，重点突出。该活动经历了"在教师的带领下玩游戏——在教师带领下学习仿编儿歌玩游戏——幼儿独立找卡片、仿编儿歌玩游戏"三个步骤，每个步骤始终没有脱离"边念儿歌边玩游戏"这个中心，使幼儿获得了充分的游戏机会，有利于幼儿感受游戏的快乐，在不知不觉中培养幼儿的节奏感。

在活动的最后一个步骤，若教师能够让幼儿将仿编的儿歌集体念玩一遍，效果会更好。

蒸笼（大班）

活动目标

1. 阅读画面，学习绕口令。

2. 能清楚、准确地发出下列汉字的音"蒸笼、灯笼、鸡笼"。

3. 通过读图，发现绕口令中前后句子循环相接的规律。

活动准备

1. 自制绕口令幻灯片、图谱。

2. 幼儿已有关于绕口令的学习经验。

3. 蒸笼、灯笼、鸡笼的图片，汉字卡"我、你、他"。

活动过程

1. 感受绕口令，引发幼儿对绕口令的兴趣。

＊教师：你们听过绕口令吗？你们会念哪些绕口令呢？

＊请2—3名幼儿朗诵各自会念的绕口令。

＊教师：你们觉得绕口令是什么样子的？

＊教师：绕口令需要读得又快又清楚，其中有些字的字音相近，读得快容易念错，但读起来却有趣好玩。

2. 引导幼儿学习绕口令汉字的正确发音。

＊教师：我特别喜欢念绕口令。最近，我学了一首绕口令，念了好久，终于念好了。我念给你们听一听，看我能不能一口气念完？

＊教师快速念绕口令。

＊教师：你们觉得这首绕口令还能再念快一些吗？我再来试试看。

＊教师以更快的速度念绕口令。

＊教师：我的绕口令念完了，你们都听到了什么？

＊教师：我再念一遍绕口令。念完之后，你们告诉我，你听到了什么？

＊教师出示蒸笼图片，提问：蒸笼里面藏着小秘密，我们一起来喊一喊，看看蒸笼里面藏着什么？

＊幼儿根据教师的手势，由慢到快、由轻到重，清晰练习发音"蒸笼"。

＊教师以同样方式引导幼儿练习发音"灯笼"和"鸡笼"。

＊教师：蒸笼、灯笼、鸡笼是三个人分别做出来的，绕口令是怎么说的？

＊教师先后出示三个人物，再出示汉字"我、你、他"，引导幼儿进行图文匹配，形象感知"我做蒸笼、你做灯笼、他做鸡笼"。

＊教师：谁做蒸笼？谁做灯笼？谁做鸡笼？

＊教师：我们一起连起来读一读"我做蒸笼，你做灯笼，他做鸡笼"。

3. 引导幼儿发现绕口令中前后句子循环相接的规律。

＊教师：做蒸笼的不做什么？做灯笼的不做什么？做鸡笼的不做什么？

＊教师：你们说得都很好，但顺序有点不一样，有的说"做蒸笼的不做

灯笼和鸡笼"，有的说"做蒸笼的不做鸡笼和蒸笼"，到底绕口令里的顺序是怎么样的？

＊教师念绕口令后提问：你们记住绕口令的顺序了吗？我们再一起来读一读。

＊幼儿边看图边读，尝试寻找记忆绕口令顺序的方法。

＊教师出示图谱，提问：你们是这样想的吗？

＊幼儿尝试完整朗读绕口令。

4. 引导幼儿感受朗读绕口令的乐趣。

＊教师：我们边拍手边读一读这首绕口令。

＊教师先拍手设定速度，幼儿与教师一起边拍手边念绕口令。

＊教师：我们还可以边做什么动作边念绕口令？

＊教师：请每个小朋友找一个好朋友，两人互相边拍手边念绕口令。

＊教师：我们边走（跑）边念绕口令，好不好？

＊幼儿跟随教师，边走（跑）边念绕口令，走得慢、念得慢，走得快、念得快，跑一跑、念一念。

＊幼儿欣赏一段音乐后，跟随音乐节奏朗读绕口令。

＊幼儿分成四组，小组成员一起配合音乐念绕口令，熟练后在集体面前伴随音乐有节奏地念绕口令，看哪组配合最默契、完成得最好。

＊教师加快音乐速度，邀请幼儿再次伴随音乐念绕口令。

＊教师根据幼儿的兴趣，不断变化音乐速度，把音乐的速度用"一颗星、两颗星、三颗星"表示，看看幼儿能挑战几颗星的难度。

＊待幼儿完全熟悉音乐的不同速度后，教师邀请幼儿在集体面前尝试根据自己挑战的级别念绕口令。

活动材料

[图谱]
图　谱

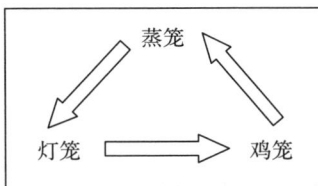

[绕口令]
蒸　笼

我做蒸笼，

你做灯笼，

他做鸡笼。

做蒸笼的不做灯笼和鸡笼，

做灯笼的不做鸡笼和蒸笼，

做鸡笼的不做蒸笼和灯笼。

（佚名／文）

设计者：李美圣子（广东省深圳市南山区大新幼儿园）

【分析】

　　该听说游戏活动从绕口令入手，引导幼儿从对字词发音的理解，发展到对绕口令框架特点的理解，再发展到以变化多种形式来念绕口令，让幼儿借助听辨、图文配对等形式来学习绕口令，准确地体现了听说游戏的活动性质。具体表现在以下方面。

　　首先，活动目标具体，体现了听说游戏的活动性质。听说游戏对幼儿提出的语言学习要求非常具体，其目标包括了对幼儿语音学习目标的强调，着重为幼儿提供练习发音的机会。如活动目标"能清楚、准确地发出下列汉字的音'蒸笼、灯笼、鸡笼'"就是针对困难发音"zh、d、j"设定的，也清晰地体现了听说游戏活动促进幼儿语音学习和发展的目标要求。

　　其次，活动过程层次感清晰，体现了听说游戏反复练习的特点。教师在整个活动过程中设计了"教师示范——幼儿完整欣赏、分句欣赏——通过游戏的形式让幼儿反复操练"等步骤，一直在围绕听说游戏的目标进行。

　　在活动过程中，教师如能关注以下两点，将会使活动更加精彩：第一，关注环节架构的比例，将"玩转"的比例适当缩小；第二，在学说的环节中，可以放手让幼儿自主操作，互相商量。

第六章

基于幼儿文学经验学习与发展的活动指导——文学活动

文学活动为幼儿创设的是文学作品欣赏和学习的情境，要求幼儿在理解文学作品内容的基础上欣赏和学习运用文学语言。文学活动的主要目标是培养幼儿欣赏文学作品的能力，利用文学语言表达想象和生活经验的能力，对文学作品和文学语言的兴趣，对文学作品的情节、主题和语言结构的理解，在理解文学作品的基础上创造性地运用文学语言的能力。文学活动强调在理解文学作品的基础上学习运用文学作品中的语言表达自己的经验。

第一节　文学活动的内涵与特点

一、文学活动的内涵

文学活动是以文学作品为基本内容而设计的语言教育活动，专门针对幼儿文学经验的学习。这类活动从一个具体的文学作品教学入手，围绕这个文学作品开展一系列相关活动，帮助幼儿理解文学作品所展示的丰富而有趣的生活，体会语言的美，为幼儿创设全面的语言学习条件。

二、文学活动的特点

文学活动具有如下特点。

1. 围绕文学作品开展活动

文学活动的特点之一是从文学作品入手，围绕文学作品开展活动。这是由两方面的因素决定的。首先，活动对象的特点决定了文学活动的这一特征。在文学活动中，幼儿学习的内容是文学作品。文学作品是语言艺术的结晶，包含丰富而独特的语言信息。这些信息表征着幼儿已知及未知的人、事、物，综合呈现幼儿所需和渴望了解的社会生活现象，而这种呈现方式具有形象生动的特点，符合幼儿的学习特点。其次，活动主体的特点影响文学活动的这一特征。文学作品以书面语言的形式存储语言信息，幼儿需要一些中介方式来将书面语言转化为口头语言，需要通过聆听、诵读、阅读图画、观看动画等方式接受文学作品传递出的信息。因此，任何一个文学活动必须从文学作品入手，围绕文学作品开展活动，让幼儿理解文学作品含载的丰富有趣的信息。

2. 整合相关的学习内容

文学活动从文学作品出发，常会整合与其相关的其他领域的学习内容，使幼儿有机会认识某一个文学作品表现的社会生活内容，促进他们对文学作品的理解。文学作品学习对幼儿来说，意味着不同层次的学习。聆听或阅读由各种语言符号连接起来的文学作品是第一层次的学习。通过语言和概念去认识文学作品表现的社会生活内容，是第二层次的学习。感受文学作品的艺术结构和语言符号的不同方式是第三层次的学习。

3. 创设与文学作品相互作用的多种途径

幼儿需要通过自身操作与外界环境发生相互作用。幼儿的语言发展也是通过个体与外界环境中各种语言和非语言信息的交互作用而逐步实现的。因此，文学活动应当着重引导幼儿积极地与文学作品相互作用，在此过程中通过多种途径让幼儿得到发展。

第二节　文学活动的目标指向与活动指导

成人促进幼儿语言发展的基本方式有两种：一种是提供丰富多样的口头语言和书面语言的样本；另一种是为幼儿创设使用语言的各种机会。文学作品正是这样的书面语言样本，文学活动也因此对幼儿发展具有重要作用，教师应组织有效的文学活动。

一、文学活动的目标指向

文学活动的目标指向表现在以下方面。

1. 发展对语言多样性的认识

文学作品为幼儿提供了成熟的语言样本，可以让幼儿模仿、记忆并创造性地运用到生活中。幼儿对语言多样性的认识表现在以下方面。首先，倾听各种语言句式。在幼儿语言发展中，最关键的问题是理解复杂的句法结构和熟练使用这些句法结构。相对而言，文学作品给幼儿提供的语言句式更丰富，也更规范。在讲故事、念儿歌等活动中，我们给幼儿提供了接触理解各种不同句式的机会。其次，倾听形象化的语言。形象化的语言能够更清楚、更准确、更具体形象地表达人对各种事物、人物、情境的思想、观点和印象。学习这样的语言，能够帮助幼儿更好地理解和表述个人及周围的一切。幼儿在此过程中也会获得一种满足的愉悦感，逐步熟知这样一种成熟的语言状态，了解运用形象化语言所产生的效果。最后，倾听不同风格特色的语言。幼儿的语言发展包括了对多样化语言的适应力、理解力和运用能力。假如一名幼儿从小只与自己的父母交往，其掌握的仅是与父母交谈的语言，那么他在走出家门后可能会遇到各种语言障碍。从小接触各式各样的语言，能使他们逐渐发展起具备交往价值的语言能力。

2. 扩展词汇量，养成自觉获取语言材料的能力

文学作品是由各种词汇组合起来的语言艺术作品。学习文学作品，是扩展幼儿词汇、帮助幼儿掌握语言内容的重要途径。首先，在上下文中理解和学习新词。幼儿学习词汇的关键问题是通过上下文来理解和学习新词。如一篇故事含有若干幼儿不熟悉的新词，那么幼儿在听了故事之后，就能够结合幼儿的原有经验，根据上下文迅速理解新词的含义。其次，在文学活动中掌握和运用新词。文学活动不仅是让幼儿听故事、念儿歌，也为他们提供了操作和表现语言的机会。对于某些词义复杂并且有一定抽象意义的新词，通过动作和活动表现词义，效果好于使用语言解释词义，因而有利于幼儿理解和记忆。当然，文学活动更有利于幼儿运用学到的新词，在重复和动作模仿中巩固和掌握新词。

3. 锻炼善于倾听的技能

文学活动与幼儿的听紧密联系在一起，给幼儿提供了有意识、评析性、欣赏性的倾听机会。首先，培养有意识倾听的能力。文学作品的内容和形式符合幼儿的发展特点，对幼儿具有较强的趣味性。选择合适的文学作品是培养幼儿有意识倾听的必备条件。除此之外，教师的教学方式同样能影响幼儿的倾听效果。有时，教师通过一个手势、动作或其他体态语言就能调动幼儿的积极性，让幼儿共同参与到文学作品的讲述和朗诵中。其次，培养评析性倾听的能力。评析性倾听又称分析性倾听，表现为倾听的过程会被打断，幼儿要对听的内容做出归纳、推断和评价。在文学作品教学中，我们经常会鼓励幼儿参加讨论，做出评论性思考，对听的内容做出评价。最后，培养欣赏性倾听能力。欣赏性倾听产生于对倾听内容的赞美态度，促使倾听者在听的过程中产生愉悦感。文学作品既能让幼儿感受到内容的有趣，更能让幼儿体验到内容表现出的美的价值。教师的赞美以及带领幼儿重新讲述作品，都能使幼儿获得欣赏艺术作品的能力。

4. 创造性运用语言，提高灵活运用语言的能力

文学作品在帮助幼儿创造性运用语言方面起到以下作用。首先，鼓励幼儿参与语言活动。一则故事、一首儿歌，往往向幼儿展示的是他人怎样来重新组织语言。文学作品中的人物、情节，甚至诗歌里的节奏和韵脚，都可能使幼儿饶有兴趣地诵读不止。其次，帮助幼儿在不同语境中创造性运用语言。在什么样的环境中说什么样的话、对什么样的交往者做出什么样的语言反应，这是幼儿创造性运用语言的重要方面。文学作品的教学可以帮助幼儿在不同的语境中创造性地运用语言。最后，提高幼儿对语言结构的敏感性。幼儿对语言结构的敏感性是在逐步熟悉、理解文学作品的过程中发展起来的。但是，并不是故事听得越多，幼儿对故事结构形式的敏感性就越高。教师在教学中

是否引导幼儿去注意感知文学作品的语言形式，是提高这种敏感性的关键。幼儿在学习文学作品时获得的对语言结构的敏感性，是其日后学习书面语言的基础。

二、文学活动的活动组织

文学活动的活动组织包括以下步骤。

1. 学习文学作品

文学活动首先是要将文学作品传授给幼儿。教师可采取不同的方式组织文学作品的教学，如采用文学直观形象的幻灯片、使用挂图、配合桌面教具等。如果文学作品内容比较浅显，也可直接给幼儿朗读。在文学作品教学时，教师应将重点放在幼儿对文学作品的理解上。有三点值得教师注意。第一，不要在第一次教学时过多地重复讲述文学作品，以免幼儿失去对文学作品的兴趣。故事类文学作品应以讲两遍为宜。第二，不要强调让幼儿机械记忆背诵文学作品内容，减轻幼儿学习时的短时记忆负担，以便他们将注意力更多地投向对学习过程的理解和思考。第三，用提问的方式组织幼儿讨论，帮助幼儿理解文学作品的情节、角色和主题倾向，注意用联系个人经验的问题或假设性问题引导幼儿深入思考和想象。

2. 理解体验作品

在学习文学作品的基础上，教师有必要进一步组织和文学作品内容有关的活动，帮助幼儿深入理解体验文学作品表达的内涵，尤其让幼儿感受文学作品展示的情感心理和精神世界。为了帮助幼儿理解和体验文学作品，教师可以设计和组织相关的活动，如适当采用观察、走访的活动方式，让幼儿了解与作品内容相关的自然或生活情境；通过绘画、表演的方式，引导幼儿表现文学作品的内容；组织专门讨论，增强幼儿对文学作品的理解。值得注意的是，所有这些方式都应从理解体验文学作品的角度出发，要让幼儿带着"眼睛"去看、带着"耳朵"去听，让幼儿围绕着文学作品去思考。

3. 迁移文学作品经验

文学作品向幼儿展示的是建立在幼儿生活经验基础上的间接经验，但仅仅让幼儿的学习停留在理解间接经验的基础上还不够，还不能充分地将间接经验与幼儿的直接经验联系起来。因此，在帮助幼儿深入理解作品的基础上，教师可进一步引导幼儿迁移文学作品经验，组织与文学作品内容有关的活动，帮助幼儿将文学作品内容整合纳入自己的已有经验范畴，使得他们的直接经验与文学作品的间接经验实现双向迁移。

4. 创造性想象和语言表述

教师进一步创设机会，让幼儿扩展自己的想象，创造性地运用语言去表达自己的认识，促进幼儿的想象力及创造性学习能力的提高。教师可以采取的方式如下。

首先，诗歌和散文仿编。幼儿在欣赏诗歌与散文、理解其内容及构成的基础上，仿照某一首诗歌或某一篇散文的框架，调动个人已有经验进行扩展想象，编出自己的诗歌或散文段落。诗歌和散文仿编遵循"组织幼儿讨论作品——引导幼儿注意仿编的关键问题——教师进行示范——幼儿进行想象与仿编——串联和总结"的顺序。小班仿编的重点只要求幼儿在原有内容的基础上换词，通过改换某个词来体现诗歌或散文的内容变化。中班仿编可要求幼儿变换词句，使诗歌或散文出现新的完整内容。大班仿编的重点是对原有诗歌和散文的结构进行部分变动，也可根据教师提供的想象线索，自己独立完成诗歌和散文的仿编。

其次，故事编构。故事编构就是尝试运用语言来编出符合结构规则的故事。编构故事的基本思路是在帮助幼儿感受理解故事类文学作品的前提下，不断提高幼儿对故事类文学作品内容与形式构成的敏感性，逐步编构出完整的故事。小班故事编构的重点是编构故事结局，即幼儿依据个人对语言、情节、人物、主题的理解，在故事即将结束时为故事编构一个结局。中班故事编构的重点应放在编构故事的有趣情节上，即在故事情节推向顶峰时突然停止，让幼儿积极想象，编构出可能出现的发展进程。大班故事编构的重点应放在编构完整的故事上，要求幼儿编出的故事具有语言、情节、人物和主题等构成要素。

最后，故事表演游戏。幼儿通过故事表演游戏，再现文学作品中的对话、动作、表情，进一步理解体验文学作品内容，同时迁移文学作品经验，完成文学作品提供的间接经验与自己的直接经验相结合的过程。故事表演游戏包括三种类型。一是整体表演。幼儿在理解作品的基础上，按照故事的情节发展连贯完整地表演。在表演时，幼儿一对一地扮演角色，即故事中的每个角色分别由一名幼儿扮演，群体角色不做严格限制，可由若干名幼儿同时担任。二是分段表演。整个故事情节切成若干段落，讲一段故事，进行一段表演。分段表演游戏允许全班幼儿共同参加，可以解决角色少、观众多的矛盾。表演时，教师领诵完一段故事，提到的角色便上场表演相应动作。教师可视情况重复刚才的故事段落，其余幼儿可随同朗诵。当这段表演结束后，下一段表演再开始。在这种游戏时，每名幼儿扮演一定的角色，能够比较轻松地进入角色。三是角色活动。角色活动的表演兼有表演游戏与角色游戏的双重特点。在表演场景方面，角色活动的场景是根据文学作品提供的人物情节与场景设置的，但又带有角色游戏区的特色；在角色扮演方面，幼儿可以一对一地扮演文学作品中的角色，但群众角色人数可以增加；在表演动作和情节发展方面，幼儿需要根据作品提供的角色和情节线索去表现但不严格限制，也可以在玩的过程中根据自己的想象发展动作和情节，游戏成分比较强。活动的结果具有两种可能性，既可能出现文学作品内容的结果，也可能出现游戏活动的结果。幼儿使用文学作品中部分角色的语言，但更多的是使用自己沉浸在游戏中的假想性角色语言。

三、文学活动的日常指导

在日常活动里，教师可引发幼儿与文学作品进行互动，使幼儿有机会随时学习书面语言，如定期讲故事给幼儿听；请幼儿定期讲自己编构的故事；鼓励幼儿说一说自己喜欢的故事；讨论故事中的人物、情节；改编故事情节并进行表演；随机与幼儿一起讨论彼此熟悉的文学作品内容（人物、情节、动作等）；与幼儿一起改编或表演。

第三节　文学活动案例与分析

小雨和小草（小班）①

活动目标

1. 感受诗歌优美的韵律，愿意跟教师一起朗诵诗歌。

2. 理解诗歌内容，感受好朋友之间的亲密。

活动准备

1. 带幼儿到室外观察春雨飘落到草地上的情景。

---

① 中央教育科学研究所早期教育研究中心．幼儿园和谐发展课程教师用书（小班下）［M］．北京：教育科学出版社，2009：81-82.

2. 幼儿已经画过春天的景色。

3. 抒情的音乐。

4. 自制小雨和小草图片若干，可粘贴在衣服上。

活动过程

1. 引导幼儿想象并描述春雨飘落到草地上的情景。

＊教师：小朋友见过春天的小雨吗？小雨是怎样落下来的？

＊教师：春天下小雨的时候，小草是什么样子的？

2. 示范朗诵诗歌。

＊在抒情优美的音乐伴奏下，教师有感情地朗诵诗歌，根据诗歌内容做相应动作，帮助幼儿理解诗歌内容，感受诗歌的韵律美，如读到"绿绿的小草轻轻地摇"时，用形体表现摇的动作。

3. 分句朗诵诗歌，引导幼儿进一步理解诗歌内容和意境。

＊教师分句朗诵诗歌，引导幼儿随教师的朗诵用动作表现内容，如做飘、摇、亲一亲、抱一抱等动作。

＊教师：为什么诗歌里说"小雨把小草亲一亲，小草把小雨抱一抱"？

＊教师：为什么小草要对小雨说"小雨小雨你真好"？

4. 带领幼儿有感情地朗诵诗歌。

＊分句朗诵。教师朗诵一句，幼儿跟读一句。

＊整体朗诵。教师和幼儿在优美抒情的音乐伴奏下，一起完整地朗诵诗歌。

5. 幼儿自选角色表演诗歌内容。

＊出示小草和小雨图片，幼儿自选角色，将图片贴在衣服上。

＊教师带领幼儿朗诵诗歌，当说到"小雨把小草亲一亲"时，引导幼儿之间互相亲一亲；当说到"小草把小雨抱一抱"时，引导扮演不同角色的两名幼儿互相抱一抱；当说到"小草对小雨悄悄地说"时，引导幼儿之间互相

悄悄地说话。

活动材料

［诗歌］　　　　　　　　**小雨和小草**

　　　　细细的小雨慢慢地飘，

　　　　绿绿的小草轻轻地摇。

　　　　小雨把小草亲一亲，

　　　　小草把小雨抱一抱。

　　　　小草对小雨悄悄地说：

　　　　"小雨小雨你真好！"

（翁东/文）

【分析】

活动选用了一首形象描述春天里小雨滋润小草的诗歌，通过"讨论春天里有什么——借助画面朗诵诗歌——带领幼儿扮演角色念诵诗歌"等步骤，引导幼儿倾听、理解诗歌内容，体验诗歌表达的意境，学习有感情地念诵诗歌。从活动结果看，幼儿对诗歌中的小雨飘、小草摇以及亲一亲、抱一抱等内容有了较好掌握，达成了预定的学习目标。

该活动组织具有以下突出优点。首先，目标意识明确。活动目标定位在感受好朋友之间的亲密和理解诗歌内容上，活动过程的每个步骤都围绕目标展开。其次，运用多种指导策略。在活动过程中，教师没有一味地要求幼儿多次机械记忆诗歌内容，而是采用了多种指导策略鼓励幼儿与诗歌互动，如第一个步骤旨在调动幼儿的已有经验，第五个步骤旨在鼓励幼儿运用身体动作表现自己对诗歌内容的理解。这些策略的使用直接指向了幼儿通过感知和体验来理解和掌握诗歌内容上。

出海（中班）

活动目标

1. 感受诗歌表达的美好意境，萌发热爱大自然的情感。

2. 发展细致的观察力与连贯的讲述能力。

3. 在情境中学习运用量词，尝试仿编诗歌。

活动准备

1. 利用视频《海浪》创设幼儿出海旅游的情境。

2. 自制大海和蓝天相接的幻灯片，创设海天相接的情境。

3. 自制浪花、白云、海鸟、帆船的幻灯片，创设参观景点一的情境。

4. 自制诗歌图书和出海的真实视频，创设参观后的情境。

5. 自制游乐园的场景图，创设参观景点二的情境。

活动过程

1. 利用出海旅游的情境，引出活动主题。

＊教师：各位小游客，大家好！我是本次旅行团的导游，今天我将带领大家出海玩。

＊教师：听，海上有什么声音？听到海浪的声音，大家觉得我们这次出海会看到什么风景？马上要去看这些风景了，你现在的心情怎么样？出海观光时，我们应该坐什么去？请各位小游客坐上大船，我们出海啦。

2. 利用海天相接的情境，引导幼儿理解诗歌表达的意境。

＊教师：大家看到了什么？大海和天空是什么颜色的？海天相接好美啊！

＊教师：小游客们，看到这么美丽的风景，我也想作诗了。我把刚才从上船到现在看到的风景变成了两句诗，你们想不想听？

＊教师：出海坐大船，海蓝天也蓝。

＊幼儿集体跟随教师朗读。

3. 利用参观景点一的情境，引导幼儿理解诗歌内容及量词。

＊教师：小游客们，你们想不想作诗？我们一起试着把看到的风景作成诗吧。

＊教师：行驶在海上，大家都看到了什么？（浪花）浪花像花儿一样一朵一朵的，我们把它作成一句诗来说一说吧。听一听导游作的这一句诗。

＊教师：浪花一朵朵。

＊教师用同样的方式，引导幼儿理解诗歌后面的内容，重点体会量词的运用。

＊教师带领幼儿集体朗读诗歌的后四句。

＊教师：小游客们，这首诗歌有一个有趣的地方，你们发现了吗？

＊教师：这些话里有"一朵朵、一片片、一只只、一点点"。

＊引导幼儿了解诗歌的句式特点"汉字'一'加量词"。

4. 利用参观后的情境，引导幼儿加深对诗歌内容的理解，感受诗歌的韵律。

＊教师：在看风景的过程中，我们作了一首完整的诗歌。让我们一起边回顾风景边欣赏诗歌吧。

＊教师播放视频，幼儿集体观看。然后，教师朗读一遍诗歌。

＊教师：让我们一起用优美的声音朗诵诗歌吧。

5. 利用参观景点二的情境，引导幼儿仿编诗歌。

＊教师：请各位小游客下船吧！接下来，我们去游乐园里玩，请小游客们用诗歌的语言，说一说你看到了什么。

＊教师：除了诗歌里说到的事物，大家还知道什么是一朵朵、一片片、一只只、一点点的？

6. 引导幼儿朗诵仿编的诗歌。

＊教师：小游客们，我们将今天看到的景物都编进了优美的诗歌里，请大家一起来朗诵一下吧。

＊幼儿朗读自己仿编的诗歌。

活动材料

［诗歌］ 　　　　　　**出　　海**

出海坐大船，

海蓝天也蓝。

浪花一朵朵，

白云一片片，

海鸟一只只，

帆船一点点。

（佚名/文）

设计者：常小芳、薛莲（山东省滨州市滨城区教育实验幼儿园）

【分析】

虽然这首诗歌的画面感比较强，但对于没有见过大海的幼儿来说，在头脑中完整再现诗歌展示的画面并不容易。因此，教师在活动中创设了多个旅游情境，让幼儿在整个活动中一直将自己看作小游客，使幼儿可以身临其境。这样的安排既有助于幼儿更好地理解诗歌内容和其中的语言表达方式，也有利于幼儿学习念诵诗歌，更有利于幼儿学习量词。此外，在引导幼儿创造性运用诗歌语言时，教师只要求幼儿仿编诗歌中语言结构特点突出的部分语句，这符合中班幼儿的语言发展水平和学习特点。

如果将活动的最后一个步骤作为延伸活动，那么效果可能会更好，其原因在于现在的活动步骤较多，可能会导致活动组织时间过长，而每个步骤也不能充分展开，从而影响幼儿的仿编效果。

城里来了大恐龙（大班）

活动目标

1. 感知恐龙来到城市后给人们带来的麻烦和方便。

2. 体会故事中恐龙的心情，尝试理解别人。

3. 大胆想象并讲述恐龙到其他场所后可能发生的趣事。

活动准备

1. 活动前，请家长带领幼儿观察马路上快慢车道上的车辆以及行人有序过马路的情景。

2. 活动前，请幼儿讲述自己有关恐龙的经验。

3. 玩具恐龙 1 个。

4. 挂图。

5. 各种场景图片若干。

活动过程

1. 出示玩具恐龙，引发幼儿已有的经验。

＊教师：这是什么？恐龙是什么样子的？

＊教师：你知道哪些有关恐龙的故事？

＊教师：恐龙生活在哪里？如果恐龙来到我们的城市，城市会怎样呢？

2. 绘声绘色地讲述故事，引导幼儿欣赏。

＊教师：故事叫什么名字？你听到故事里讲了些什么？

＊教师：故事里说，恐龙来到城市后，城市有什么变化？

3. 出示挂图，帮助幼儿进一步理解故事内容。

＊教师：大恐龙来到了城市，他有什么想法？

＊教师：恐龙来到城市给人们带来了许多麻烦，他的心情怎么样？

＊教师：当恐龙变成立交桥后，他心里是怎么想的？你喜欢恐龙立交桥

吗？为什么？

4. 鼓励幼儿尝试仿编故事。

*教师：你想让大恐龙到什么地方？大恐龙来到那里以后，又可能会发生什么事？

*幼儿根据各种场景图片进行自由仿编，教师巡回倾听、指导。

*请部分幼儿向全班讲述自己仿编的故事情节。

活动材料

[故事]　　　　　　　　**城里来了大恐龙**

大恐龙来到了城里，他觉得这个地方比以前去过的任何地方都热闹。

大恐龙"啪嗒啪嗒"地走在马路上，可是他的身体太大，把交通给堵塞了，汽车排起了长队，响起了喇叭。

大恐龙"啪嗒啪嗒"地走在铁路上，大恐龙的身体太重，铁路被踩得"吱哩吱哩"直响，火车也被震得跳起了舞。

大恐龙"啪嗒啪嗒"地走在胡同里，他闻到了人家厨房里飘出的阵阵香味，忍不住把头伸进窗户，可是大恐龙脖子太长，把人家的屋顶都掀翻了。大恐龙心里真难过。城里人感到，大恐龙给他们的生活带来了危险。

这时，一个聪明的小孩说："大恐龙走了许多路，一定是饿了。"他带着许多小朋友在马路上撒青草，大恐龙沿着这条青草路边吃边走，吃饱了在十字路口打起了瞌睡。

马路被堵住了，汽车从大恐龙身上、身下开过。大恐龙身上痒痒的，睁开眼睛一看，自己变成了立交桥。大恐龙没想到自己还有这么大的用处！一辆辆大卡车、面包车、小汽车从大恐龙身下开过去，一辆辆自行车、摩托车、三轮车从大恐龙身上骑过去，一群群大人、小孩从大恐龙身上走过……城市的马路畅通了。大家都说："恐龙立交桥真好！"

（冰波/文）

【分析】

大班幼儿在文学活动中需要获得的关键经验已不再是简单的理解故事情节，而是理解故事中包含的情感、心理活动等线索以及仿照故事的表述方式表达自己的现实或想象经验。该活动较好地把握了这些关键经验的学习。

活动过程思路清晰，前后环节联系紧密。以下几种指导策略的使用成为该活动目标达成的关键。首先，以看图讲述的方式理解故事。教师让幼儿根据展现故事内容的挂图讲述自己理解的故事，便于幼儿快速编构故事和流利讲述，也可使幼儿在倾听故事时对比个人讲述内容和作者创作故事之间的异同，为幼儿理解故事的编构方式和仿编故事奠定基础。其次，以点评故事情节的方式帮助幼儿回忆故事。这样的回忆既使故事回忆变得有趣，也有利于幼儿理解恐龙给城市带来的麻烦和方便以及恐龙从难过到欢喜的心理变化过程，同时为幼儿仿编有趣的故事情节提供了编构思路。最后，以限定场景的方式引导幼儿仿编故事。在活动的最后一个步骤中，教师为每组幼儿提供了一张场景图片，要求幼儿讲述来到某一指定场景中时发生的有趣故事，这样做一方面节省时间，另一方面将幼儿的注意力集中到有趣故事情节的编构上。

第七章

基于幼儿早期读写经验学习与发展的活动指导——早期阅读

早期阅读为幼儿创设的是书面语言的学习情境，要求幼儿围绕书面材料（包括符号标记、图画、文字等视觉材料）开展活动。早期阅读的主要目标是帮助幼儿获得初步的运用书面语言的经验，包括对书面材料的兴趣和敏感性，从书面材料中获取相关信息的技能，使用简单的书面材料表达自己经验和想法的技能。早期阅读强调幼儿通过阅读理解书面材料的内容，强调运用书面形式（如绘画、涂写或模拟书写）实现自己的真实目的。

第一节 早期阅读的内涵与特点

一、早期阅读的内涵

早期阅读是有计划、有目的的培养幼儿学习书面语言的教育活动。这种活动帮助幼儿接触书面语言，学习书面语言，培养对书面语言的敏感性，为进入学龄期的正式书面语言学习打下良好的基础。早期阅读的本质表现为幼儿在真实的生活情境中为了真实的生活目的而与书面语言进行互动并主动寻求或建构意义。

早期阅读对幼儿发展的作用表现在以下方面。首先，获得接近书面语言的机会。幼儿可以随心所欲地看想看的图书、编想编的故事。通过这样的阅读，他们建立了初步的读和写的信心，在正式学习书面语言时不再感到困难。其次，了解书面语言的知识。通过接触书面语言的活动，幼儿会增长有关书面语言的知识，懂得怎样读和写，这也为幼儿日后在学校的正式读写打下基础。最后，发展早期读写的自我调适技巧。幼儿可以在早期阅读中建立起自我纠正、自我调适的阅读技巧，这对于他们进入学校的书面语言学习有很好的作用，有利于幼儿获得较高水平的阅读能力。

有关研究告诉我们，幼儿园的早期阅读至少会产生三种效应：第一，教师与幼儿之间的相互作用，可以帮助幼儿获得最佳的早期读写效果；第二，幼儿在集体环境中学习阅读，可以与同伴一起分享进行早期阅读的快乐，提高他们参与阅读活动的积极性；第三，在适合幼儿的集体阅读活动中，教师通过观察比较，发现某些幼儿的特殊阅读需要，为其提供恰当的帮助。

二、早期阅读的特点

早期阅读具备以下特点。

1. 创设丰富的阅读环境

早期阅读重在为幼儿提供阅读经验，因而需要向幼儿提供含有较多阅读信息的教育环境。教师可利用一切机会、场所，让幼儿感受书面语言，潜移默化地接受有关书面语言的知识。

2. 提供具有表意性质的阅读材料

有趣的图文并茂的故事、有实际意义并具有一定规律的文字，能帮助幼儿形成有关书面语言的初步认识。从这样的特点出发，幼儿接触的书面语言，应能即刻引发他们对口头语言以及对意义表征的联想。

3. 提倡整合的阅读活动

早期阅读不是一种纯粹的学习书面语言的活动。提倡整合的阅读活动，是将书面语言学习与其他方面的学习有效结合，可从三个角度整合：一是书面语言与口头语言的整合，二是语言和其他学习内容的整合，三是静态学习与动态学习的整合。

4. 具有鲜明的文化和语言背景

早期阅读应当充分考虑幼儿母语的特性及其文化的特色，帮助幼儿学习认识母语的文化和语言背景。在早期阅读中，文化和语言互为影响，可产生相得益彰的教育效果。

第二节　早期阅读的目标指向与活动指导

早期阅读包括一切与书面语言学习有关的内容。识字是书面语言学习的一种内容和方式，但不是唯一的内容和方式。准确地说，大量系统的识字不是早期阅读的内容。我们让幼儿学习阅读，是要让幼儿了解有关书面语言的信息，培养对书面语言的兴趣，懂得书面语言的重要性，建立良好的阅读习惯。

一、早期阅读的目标指向

早期阅读的目标指向表现在以下方面。

1. 发展学习书面语言的兴趣

要学习书面语言，首先应当对书面语言产生兴趣，有积极主动接近书面语言的愿望。培养幼儿学习书面语言的兴趣，包括以下两方面内容：一是热爱书籍，建立自觉阅读图书的习惯。在大量阅读图书的过程中，幼儿可养成对书籍挚爱的情感态度，同时学会爱护图书，建立起良好的阅读习惯，形成自觉的阅读倾向；二是乐意观察各种符号，对文字有好奇感和探索愿望。早期阅读的目标之一就是激发幼儿对各种符号的敏感性，引发他们探索感知文字符号的积极性。幼儿生活环境中的符号多种多样，与文字有关系的符号体系也有很多，如手势语、标志符号等。幼儿对生活中含有一定意义的符号均会表现出极大的好奇感。适当引导可激发幼儿探索文字的兴趣，帮助他们建立起乐意学习文字的态度。

2. 初步认识书面语言和口头语言的对应关系

书面语言和口头语言是人类语言的两大反映形式，这两种语言都会对人们的生活产生重要影响。幼儿正处于迅速发展并获得口头语言的关键时期，他们将在进入小学前掌握 95% 的口头语言，基本完成口头语言学习的任务。但是，为了让幼儿更好地学习口头语言并为下一阶段集中学习书面语言做好准备，教师有必要帮助幼儿初步感知认识书面语言，理解书面语言和口头语言的对应关系，感知两种语言符号系统的差异，知道书面语言与口头语言同样重要。

幼儿在早期阅读中可获得以下经验：一是懂得书面语言与口头语言一样，都可以储存信息，但书面语言用文字的方式记录储存，具有可视的特点；二是懂得书面语言与口头语言一样，都可以用来表达人们的思想，口头语言可以直接说出来，但书面语言却具有文字反映的特点；三是懂得书面语言和口头语言一样，都是人们交际的工具，但是交际的方式不同。如果没有书面语言，在空间和时间条件限制下，人们的交际将会出现问题。

3. 掌握早期读写技能

早期读写技能不是对具体字词的识得，也不是有些成人所认为的汉语拼音的学习，而是幼儿将来全面学习书面语言所必需的基本学习策略。

幼儿需要获得的早期读写技能包括以下内容。首先是观察模拟书面语言的技能。幼儿通过观察，了解书面语言与其他语言呈现方式的差异，了解母语文字的特征、相互之间语义的异同等并能够进行模仿。观察模拟的技能是学习书面语言的基本技能，掌握这种技能将有益于幼儿未来的学习。其次是预期的技能。预期的技能是预计估测阅读内容的方法与策略。如当幼儿阅读图书、看到故事开头时，能够预测到故事的过程和结局。预期的技能可以使幼儿举一反三地迅速掌握文字的基本规则。当然，培养幼儿预期的技能，必须开展大量的阅读活动，在幼儿有较多的同类阅读经验的基础上再给予指导，帮助他们归纳概括出一定的阅读规律。最后是自我调适的技能。书面语言的学习需要一种敏锐地发现错误并及时进行自我纠正的技能，这种技能与观察模拟有关，但不等同于观察模拟。自我调适由自觉发现误差、主动纠正误差的策略机制所决定。

总之，从早期阅读的目标出发，我们为幼儿提供的早期阅读内容包括三个方面，即前图书阅读、前识字和前书写。

前图书阅读包括：掌握一般的翻阅图书的规则方式；会看画面，能从中发现角色表情、动作、背景，将之串联起来并理解故事情节；理解画面、文字与口语的对应关系，会用口语讲出画面内容或听教师念图书，知道图书内容；知道图书上所说的故事是作家写出来的，画家又用图画表现出来的，然后才印刷装订成书，幼儿也可以尝试当小作家、小画家。

前识字包括：知道文字有具体的意义，可以念出声，可以把文字、口语与概念对应起来；理解文字的功能作用；知晓文字的来源，知道文字是一种符号并与其他符号系统可相互转换；知道文字和语言的多样性，认识到世界上有各种各样的语言和文字，同一句话可以用不同的语言文字来表达；了解识字规律。

前书写包括：认识汉字的独特书写风格，能将汉字区别于其他文字，知道汉字的基本间架结构；了解书写的初步规则，学习按照规则写字，尝试用有趣的方式练习基本笔画；知道书写汉字的工具，知道使用铅笔、钢笔、圆珠笔、毛笔时的不同要求；学会按照正确的书写姿势写字，包括坐姿、握笔姿势。

二、早期阅读的活动组织

早期阅读按以下步骤进行组织。

1. 幼儿自己阅读

这一步骤是将阅读活动学习的书面语言展现在幼儿面前，让幼儿自由地接触学习内容，观察学习对象，获得有关信息。幼儿是在教师的具体指导下开始观察认识的。教师指导的方法有多种，有时采用提问的方式，用问题引导幼儿，指导他们观察的方法；有时向幼儿提出观察的要求，然后教师操作、表演，让幼儿完整安静地阅读。

2. 教师与幼儿一起阅读

教师与幼儿一起阅读，实际上是在幼儿观察书面语言的基础上，教师带领幼儿进一步学习理解书面语言。在这一步骤中，教师按照自己的理解，将要求幼儿掌握的书面语言贯穿到阅读过程中。教师的作用在于帮助幼儿明确早期阅读内容，帮助幼儿正确掌握书面语言。教师不必着重告诉幼儿是什么，而是与幼儿"平起平坐"地共同阅读。

3. 围绕阅读重点开展活动

每次阅读均有一定的重点，教师事先应做到心中有数，能有计划地在活动中贯彻落实。教师可组织幼儿围绕阅读重点开展活动，着重帮助幼儿深入掌握学习内容。教师可以采用讨论的方式，也可以运用表演、游戏等方法。只要能够引导幼儿深入掌握学习重点，加深对所学书面语言的印象，各种方式都可在这一步骤中使用。

4. 归纳阅读内容

归纳阅读内容是总结性的活动步骤，它的主要作用在于帮助幼儿巩固、消化所学内容，是整个活动不可缺少的组成部分。归纳阅读内容的方式有多种，教师可以创造性地设计和组织这一步骤的活动，如用竞赛性质的活动方式使幼儿集中注意力，调动他们参与活动的积极性，激励他们主动地投入到阅读活动中；也可以通过表演和游戏的方式组织归纳阅读内容。

三、早期阅读的日常指导

幼儿在日常活动中出现的自发运用书面语言的行为，是对幼儿进行早期阅读日常指导的最好时机。将对幼儿的书面语言指导融入幼儿的日常生活，为幼儿提供探索书面语言的机会，有助于幼儿探索书面语言的功能，有效促进幼儿书面语言运用能力的发展。

1. 创设有实际意义的文字环境

创设有实际意义的文字环境，目的在于引发幼儿去主动读写。一般认为，为幼儿创设的文字环境是指在幼儿周围的重要事物上贴上说明性的文字标签，如"钢琴""桌子"等。虽然这样的环境有利于幼儿通过观察不同的文字符号了解文字的基本功能，萌发使用文字的愿望，但这仅仅是一种外部的物质环境，并不必然蕴含着幼儿早期读写所需的社会、心理、语言和认知的机能。如果幼儿不经常使用环境中的文字，或环境中的文字不具有实际功能，那么这些文字只是幼儿难以理解的视觉符号，会经常被幼儿忽视。因此，有实际意义的文字环境应当与幼儿的经验或当时的活动相关，如在娃娃家放置信件、账单、报纸、车票、家电使用说明书、食品包装纸或购物单等，在美工区放置工具分类目录、家装或摄影杂志、手工或拼插玩具的参考图等，在室外放置地图或标记说明、园艺手册、树标或图标等。教师要有意识地在生活环节中随机与幼儿一起阅读、讨论材料，如在学习新的折纸方法之前，引导幼儿看折纸步骤示意图，读说明性文字给幼儿听；在玩新玩具时先读使用说明书给幼儿听或和幼儿一起边看使用说明书边玩。同时，教师也要鼓励幼儿在自由活动中随机大胆地进行阅读。

从中班开始，王老师在娃娃家放置了一部玩具电话，并在电话旁边放了纸和笔。刚开始，王老师发现幼儿在娃娃家里活动时，并没有主动去使用纸和笔。于是，王老师通过扮演客人来做客、使用主人家电话、记录电话内容等方式，示范使用了电话旁的纸和笔，然后在随后的游戏小结时还和幼儿讨论了纸和笔的用途。在之后一段时间的观察中，王老师发现幼儿开始主动使用这些读写工具了。

2. 融书面语言学习于主题活动中

书面语言学习应当与主题活动融为一体，以此引发幼儿为了真实的任务而积极运用书面语言。这些主题不仅涉及阅读、书写、文学，还可能涉及科学、社会等。每个主题聚焦一个核心问题。幼儿参与主题的选定、具体计划的制订和相关活动内容的选择。幼儿和教师一起计划要做什么、什么时候去做、需要什么材料、由谁获取材料等。这样的计划分长期计划和近期计划，长期计划只提供一个大概框架，短期计划则尽量要把每个细节考虑清楚。如为了完整表演一个故事，教师需要和幼儿一起阅读故事，构思并写出剧本，讨论并分配角色，确定谁当演员、剧务、舞台工作人员、观众。为了研究老鼠，教师需要和幼儿经历讨论、制订研究计划、阅读现成的文字材料、绘制观察记录单、记录观察过程、写出观察报告、对观察数据进行处理、讨论结果、写出研究结论等过程。

3. 参与幼儿的自发读写活动

除了利用情境主动引发幼儿的早期读写活动以外，教师还可以主动参与幼儿的自发读写活动，这也是早期阅读日常指导的重要内容。教师参与的目的在于给予幼儿积极反馈和支持。教师关注幼儿自发形成的读写行为，对他们遇到的困难提供必要的示范和指导，对他们取得的点滴进步给予及时鼓励，使他们有信心对读写行为进行新的探索，并使其逐步超出原有的读写水平，朝着更高水平发展。

下午2:40，大班幼儿正准备起床，王老师在办公桌旁备课。一名幼儿走到王老师面前，看王老师写字。于是，两个人有了如下对话。

幼儿："王老师，你在干吗？"

王老师："我在备课啊。"

幼儿："我也想备课。"

王老师："好啊。"

（王老师拿了纸和笔，然后递给幼儿。）

王老师："你想写什么？"

幼儿（想了想）："我的名字，还有王老师的名字。"

（幼儿开始写。）

······

幼儿："王老师，你看。"

王老师："写得好。你写你和王老师在干什么呢？"

幼儿："我要写一个故事，写我们俩一起写字。"

王老师："那你开始写吧，写好后讲给王老师听。"

（幼儿继续写和画，直到另一名教师要求幼儿集中活动才结束。）

在上面的对话中，教师为幼儿提供了必要的支持，帮助幼儿确定了主题（备课），提供了书写材料（纸和笔），同时帮助幼儿确定了他写的是什么字、为什么要写这些字。此时，教师实际上是在暗示幼儿，书写需要有一定的主题或具体内容。教师的支持对幼儿来说非常重要，因为幼儿的书写只有在当时的社会互动情境中才能产生沟通的意义。

第三节　早期阅读案例与分析

小鸭子吃星星（小班）[①]

活动目标

1. 理解内容，讲述画面中的角色和发生的事情。

[①] 中央教育科学研究所早期教育研究中心. 幼儿园和谐发展课程教师用书（小班下）［M］. 北京：教育科学出版社，2009：98-100.

2. 感受故事的趣味性，能够表演故事中小鸭子的动作和语言。

3. 学习一页一页地翻看图画书。

活动准备

1. 关于星星的音乐磁带，幼儿已经熟悉星星的律动。

2. 小鸭子布袋偶 1 个。

3. 图画书《小鸭子吃星星》①，幼儿人手 1 册。

4. 教学大书《小鸭子吃星星》。

活动过程

1. 带领幼儿伴随音乐做星星律动，将幼儿带入故事意境。

﹡教师：天上的小星星是什么样的？星星数得清吗？

﹡教师：你们知道星星是什么味道吗？怎么样才能吃到星星呢？

2. 利用小鸭子布袋偶，引导幼儿猜测故事内容。

﹡教师：小鸭子也想吃星星，他能吃到星星吗？小鸭子会想什么办法吃星星呢？

﹡带幼儿观察图画书的封面和扉页，猜测故事名称或者书里讲的是关于谁的故事。

3. 指导幼儿带着问题自主阅读图画书。

﹡教师：小鸭子想尝一尝星星的味道，他吃到星星了吗？你们自己在书中找一找答案。

﹡幼儿自主阅读图画书。

﹡教师：小鸭子吃到星星了吗？你为什么说他吃到了？你为什么说他没吃到？

4. 引导幼儿观察画面，完整阅读故事并理解故事内容。

﹡和幼儿一起逐页阅读教学大书，引导幼儿猜测自己在画面上看到的内容。

---

① 冰波，李全华．小鸭子吃星星 [M]．北京：教育科学出版社，2009：2-19.

＊在引导幼儿逐页阅读图画书的过程中，教师可依据画面提问：小鸭子看到的天上的星星是什么样的？小鸭子抬头在想什么？他张开翅膀在干什么？他来到了哪里？他在池塘边发现了什么？他跳进池塘里做了什么？小鸭子叉着腰在想什么呢？

＊引导幼儿讨论：当他往天空和池塘里看时，他又发现了什么？为什么这么奇怪？他不是在池塘里已经把星星全部吃光了吗？

＊鼓励幼儿运用已有经验解决问题。

5. 教师完整讲述故事，幼儿跟随教师逐页阅读图画书。

＊教师根据每页上的文字完整讲述故事。

＊鼓励幼儿和教师一起讲述故事。在讲故事过程中，教师引导幼儿运用夸张的声音和动作模仿表现小鸭子走路"啪嗒啪嗒"、小鸭子吃星星"咕嘟咕嘟"的象声词，激发幼儿讲故事的兴趣。

【分析】

图画书阅读是幼儿园早期阅读活动的主要形式，前阅读、前识字和前书写等技能的培养都可以融入到图画书阅读中。其中，小班图画书阅读的主要任务是激发幼儿阅读图画书的兴趣，帮助幼儿理解口头语言和书面语言的对应关系，鼓励幼儿养成阅读习惯，引导幼儿学习阅读的方法等。该活动设计在选材、目标制定和指导策略运用等方面均聚焦于幼儿早期读写经验的获得。

首先，图画书以幼儿熟悉的小鸭子、池塘、吃星星等为要素编构故事情节，既符合幼儿的认知经验，也给幼儿带来意外的惊喜。富有童趣的故事情节能够吸引幼儿的注意。

其次，该活动没有将目标重点放在引导幼儿理解故事内容上，而是将重点放在引导幼儿讲述故事情节、感受故事的趣味性、表演故事角色的动作和语言、学习阅读的方法等方面。这些目标非常适合小班幼儿。

最后，教师采用了层层深入的方式，引导幼儿进行阅读活动。在前两个步骤中，教师提出的"星星是什么味道""小鸭子会想什么办法吃星星"等问题，能激发幼儿阅读图画书、寻找问题答案的兴趣。第三个步骤是鼓励幼儿带着问题自主阅读的过程，而寻找问题答案也成为幼儿阅读图画书中关注的重点。第四个步骤是活动的核心环节，教师引导的重点是鼓励幼儿核对自己对故事情节的理解是否正确、想象解决故事结尾留下的问题"怎么回事呢"。在最后一个步骤中，教师通过再次共同阅读和讲述、表演等方式，帮助幼儿完整地理解故事内容。

独角兽妹妹（中班）①

一

活动目标

1. 通过观察画面，初步了解故事的主要内容。

2. 喜欢独自阅读图画书，大胆讲述对图画书内容的理解。

3. 感受故事的趣味性。

活动准备

1. 图画书《独角兽妹妹》②，幼儿人手 1 册。

2. 教学大书《独角兽妹妹》。

3. 活动前，和幼儿一起搜集有关独角兽的信息、资料等。

活动过程

1. 引发有关独角兽的讨论，激发幼儿阅读图画书的兴趣。

＊教师：你们听说过独角兽吗？

---

① 中央教育科学研究所早期教育研究中心. 幼儿园和谐发展课程教师用书（中班下）[M]. 北京：教育科学出版社，2009：107-110.

② 冰波，乐川，何萱. 独角兽妹妹 [M]. 北京：教育科学出版社，2011：2-28.

＊教师：独角兽是什么样子的？有什么特点？

＊鼓励幼儿将自己搜集或听说过的有关独角兽的信息告诉大家。

＊教师：独角兽是古代神话传说中一种头顶正中长有一只角的动物。有一本图画书讲的就是有关独角兽的故事，你们想不想看？

2. 幼儿自主阅读图画书。

＊教师出示教学大书，引导幼儿观察封面，猜测故事内容，提问：你们知道她是谁吗？她长什么样？

＊请幼儿描述独角兽妹妹的外貌特点。

＊幼儿人手1册图画书，自主阅读。

＊教师：这本书里讲了谁和谁的故事？他们之间发生了什么事？为什么会发生这些事？

＊教师巡回观察幼儿的阅读情况，如幼儿阅读时的情绪反应、幼儿对画面细节的观察、幼儿看不懂的画面以及阅读习惯等。

3. 引导幼儿交流、讨论对图画书的理解。

＊教师：这本书好不好？你喜欢吗？为什么喜欢？

＊教师：这本书讲了什么故事，请你给大家讲一讲。

＊请部分幼儿讲述自己阅读的故事内容。

＊教师：有哪些地方没有看懂？它们在第几页？

4. 带领幼儿观察画面，了解故事主要情节。

＊指导幼儿阅读图画书第2—9页，阅读前提示幼儿：独角兽妹妹第一次到小猪家，发生了什么事？小猪是怎么做的？

＊阅读图画书第10—21页，提问：独角兽妹妹第二次到小猪家，小猪是怎样对待她的？独角兽妹妹走了以后，小猪做了一件什么事？他为什么要这么做？结果怎么样了？

＊幼儿阅读图画书第22—27页，可提示幼儿思考：独角兽妹妹为什么第

三次到小猪家来？小猪欢迎她来吗？小猪做了一件什么事？

＊教师：你是从哪儿看出来的？引导幼儿观察画面细节。

5. 与幼儿一起阅读教学大书，完整理解故事。

＊教师逐页出示画面，幼儿观察、阅读画面，教师根据文字讲述故事内容。

＊教师引导幼儿验证自己对图画书的理解，提问：刚才老师讲的故事和小朋友自己看的有哪些地方不一样呢？

＊教师：你觉得这个故事什么地方有趣？

二

活动目标

1. 感知理解故事情节发展过程中小猪和独角兽的情绪情感变化。

2. 能根据故事线索续编新的故事结尾。

活动准备

1. 教学大书《独角兽妹妹》。

2. 幼儿已多次阅读过图画书，熟悉图画书的内容。

活动过程

1. 与幼儿一起再次阅读教学大书，共同讲述故事内容。

＊在阅读每一页时，鼓励幼儿边看画面边用自己的语言讲述故事内容。

＊教师根据图画书文字，对幼儿的讲述内容进行完善或复述。

2. 引导幼儿观察表现小猪和独角兽妹妹的情感变化的画面细节，理解角色的心理活动。

＊教师：小猪开始在家里时是什么样子的？接到独角兽妹妹的电话，小猪心里怎么想的？独角兽妹妹心里怎么想的？

＊教师：独角兽妹妹第一次到小猪家，小猪家变成什么样了？你从什么

地方看出来的？小猪心里高兴吗？你从哪里看出来的？

*教师：小猪把独角兽妹妹赶出门，独角兽妹妹心情是什么样的？她在想什么？

*教师：小猪用大棒子顶上门躺在床上后，心里会怎么想？独角兽妹妹第二次到小猪家后，小猪是怎么想、怎么说、怎么做的？独角兽妹妹心里有什么感觉？从哪里可以看出独角兽妹妹心里难过？她为什么难过？

*教师：小猪为什么要把墙砌起来？小猪把墙砌好后，心情怎么样？后来，小猪发现了什么？他的心情有什么变化？独角兽妹妹第三次到小猪家，小猪高兴吗？为什么？

3. 引导幼儿通过合理想象，续编故事结尾。

*教师：小猪为什么要给独角兽妹妹缝套子呢？以后会发生什么有趣的事情呢？

*教师：如果你是小猪，你有没有其他的好办法，让独角兽妹妹不再把家里的东西弄坏？

*鼓励幼儿充分展开想象，预测故事的发展，续编新的故事结尾。

【分析】

相对于小班幼儿重在理解图画书内容而言，中大班幼儿的图画书阅读则要求能够借助图画书提供的线索，利用画面和语言来表达个人经验。围绕图画书《独角兽妹妹》，教师设计了两次活动。第一次活动的重点在于引导幼儿理解图画书中故事的主要情节与内容。第二次活动的重点在于指导幼儿学习图画书的编构方法，编出"可能以后发生的有趣的事"或者"想出其他办法避免独角兽妹妹再继续破坏家具"。两个重点正是中班幼儿图画书阅读学习的关键经验。

由于中班幼儿仅借助画面尚无法完整理解图画书的故事情节，所以教师在幼儿独立阅读之后，采用了比较新颖的方式帮助幼儿分享个人的阅读经验。教师邀请幼儿讲述自己看懂的内容，但将重点落在组织幼儿讨论自己没看懂的画面上，这样既能激发幼儿积极交流和思考的积极性，又能锻炼幼儿观察画面细节、关注画面前后之间联系的能力。从活动实际效果看，幼儿在此环节参与互动的积极性很高。

　　第二次活动中的讨论也是该活动设计的亮点。为了加深幼儿对图画书内容的理解，教师在和幼儿共同回顾故事内容后，提出了寻找"小猪什么时候开心和不开心？发生了什么事？"的要求。结果，幼儿不仅在主动寻找和讲述相关画面的过程中进一步熟悉了故事内容，特别是理解了小猪情绪变化的过程及其原因，而且还学习了如何利用画面和语言表达心理活动。

长颈鹿好长喔（中班）

活动目标

1. 自主阅读观察，寻找长颈鹿的各种长。

2. 交流分享对长颈鹿的长部位作用的认识。

3. 尝试合作体验，拼搭完整长颈鹿。

活动准备

1. 图画书《长颈鹿好长喔》。

2. 长颈鹿身体底板。

3. 黑板 1 块，夹子若干。

活动过程

1. 幼儿带着问题自主阅读图画书。

*教师：今天，老师带来了一位动物朋友。瞧，你在哪里看到过长颈鹿？

*教师：我带来的这只长颈鹿有个好听的名字，叫洁克雅。这本书会告

诉我们关于洁克雅的哪些事情呢？让我们一起看看这本书。

　　*幼儿自主阅读，教师观察指导。

　　*教师：你们有没有发现这本书的特别之处？（翻书的顺序是从下往上翻。）

　　*教师：仔细观察画面，找一找洁克雅身体的哪些部位是长长的。

　　2. 幼儿交流分享，说一说自己发现的长颈鹿的各种长。

　　*教师：读了这本书，你发现长颈鹿身上哪些地方长？在书的第几页？

　　*鼓励幼儿边回答问题边将书翻到该页，并在教师的帮助下在黑板上进行展示。如当幼儿说到长颈鹿的脖子有四页那么长时，教师就将两本书展开当作脖子，拼搭在黑板上。

　　3. 和幼儿分享对长颈鹿长部位作用的认识。

　　*教师：长颈鹿这些长长的部位都有什么作用？让我们一起来看看吧。

　　*教师：长颈鹿伸长脖子在干什么？

　　*教师：树上的树叶，只有长颈鹿才能吃到，因为它有长长的脖子。

　　*教师：长颈鹿喝水的时候，又会摆出怎样的姿势呢？我们也来学一学。

　　*教师：长颈鹿的脖子太长了，在喝水的时候，必须要摆出这种姿势。

　　*教师：长颈鹿长长的舌头在干什么？是怎么吃东西的？让我们伸长手臂来学一学。你们的舌头能碰到鼻子吗？试试看。瞧，长颈鹿就可以碰到。

　　*教师：长颈鹿可以用长长的舌头把鼻孔舔干净。

　　*教师：长颈鹿还有四条长长的腿，可以跑得很快。

　　*教师：如果你和长颈鹿比赛，谁会取得比赛的胜利？

　　*教师：长颈鹿的尾巴有什么作用呢？看上去怎么样？

　　*教师：长颈鹿长长的尾巴甩来甩去，可以驱赶蚊虫。大便的时候，长

颈鹿的尾巴还会翘得高高的。

　　*教师：长颈鹿的身体有很多长长的部位，都有各自的作用。

　　*教师读图画书，幼儿完整欣赏。

　　4. 幼儿合作体验，拼搭出长颈鹿长的部位。

　　*教师：这本书有一个特点，你们发现了吗？想不想看一看洁克雅到底有多长？我们来试一试吧。

　　*教师在地上放置一块与长颈鹿实际身体一样大小的图板，鼓励幼儿用自己手中的书，合作拼搭出一只长颈鹿。

　　*教师：这是我们的长颈鹿朋友——洁克雅。想不想和他比一比身高呢？鼓励幼儿躺下和长颈鹿比身高。

设计者：郎婷（上海市小海螺幼儿园）

【分析】

　　几乎所有的幼儿都知道长颈鹿有很长的部位，但是却未必能说清楚长颈鹿哪些地方长、到底有多长，也未必了解长颈鹿身上长的部位到底有什么作用。该活动充分利用图画书《长颈鹿好长喔》的内容特点，引导幼儿通过自主阅读，理解图画书中长颈鹿的长部位及其作用，在合作体验和拼搭等操作性活动中找到上述问题的答案。

　　活动过程的设计能够充分体现幼儿学习的主动性和积极性。教师的支持主要体现在思考和讨论问题的设置、操作材料的提供、基于幼儿讨论结果的小结等方面。教师在活动过程中首先让幼儿自主阅读，找出长颈鹿的长部位，然后引导幼儿阅读和讨论并进一步了解长颈鹿的长部位有何作用，最后鼓励幼儿开展合作游戏，进一步体会长颈鹿"好长喔"这一特点。

　　教师围绕图画书还可以进行一些有意思的延伸活动，如围绕"什么（动物）脖子（或者腿、尾巴）长"这个主题开展幼儿与家长共同查资料、幼儿分享结果、师幼共同制作图画书《脖子（腿、尾巴）好长喔》

等活动。这样的活动不仅可以实现图画书阅读、早期识字和早期书写等活动的有机整合，也可以实现早期读写经验学习和其他领域经验学习的整合。

教师需要注意，在组织活动时，不宜在第三个步骤上花过长时间，可以考虑将这个步骤的相应内容整合到第二个步骤中，当幼儿找出自己发现的长的部位后，可根据图画书的内容说一说这些部位的作用，然后由教师进行总结和归纳。

跷跷板（大班)^①

活动目标

1. 认识口字旁，感知含有口字旁的汉字"嘻、哈、叽、呷、呱"的特点。

2. 了解图文的对应关系，对阅读汉字感兴趣。

活动准备

1. 汉字"嘻、哈、叽、呷、呱"字卡各1张。

2. 图画书《跷跷板》^②，幼儿人手1册。

活动过程

1. 激发幼儿阅读图画书的兴趣。

＊教师：小朋友玩过跷跷板吗？你们喜欢玩跷跷板吗？

＊教师：两只小田鼠也非常喜欢玩跷跷板。你们猜一猜，还有哪些朋友也想玩跷跷板呢？

2. 幼儿自主阅读图画书，初步感知故事内容。

＊幼儿人手1册图画书，自主阅读故事。

① 中央教育科学研究所早期教育研究中心. 幼儿园和谐发展课程教师用书（大班下）[M]. 北京：教育科学出版社，2009：119-120.

② 武玉桂，王晓明. 跷跷板 [M]. 北京：教育科学出版社，2011：1-16.

＊教师：有哪些小动物来玩跷跷板？他们是怎么玩的？

3. 师幼共同阅读图画书，讨论画面内容。

＊教师边翻页面边请幼儿讲述画面，提问：你看到了什么？听到了什么？

＊教师：你能学一学小动物发出的声音吗？

＊教师带领幼儿看图并讲述故事。在讲述过程中，教师边指图画旁的文字，边讲画面内容，鼓励幼儿跟着一起学说动物的叫声并重复朗读"×××！跑来了一只××"。

4. 引导幼儿阅读图画书中带口字旁的汉字，感知图文的对应关系。

＊教师带领幼儿完整地阅读故事。

＊教师：小田鼠喜欢玩跷跷板，高兴地发出了什么声音？请你找出汉字"嘻嘻嘻"和"哈哈哈"。

＊教师出示字卡，带领幼儿读一遍。

＊教师：还有哪几只小动物边叫边跑着来了？是怎样叫的？

＊教师出示字卡，带领幼儿阅读汉字。

＊教师：请小朋友看一看，这些汉字哪些地方是一样的？想一想，为什么这些汉字都有口字旁？

＊引导幼儿知道，这些汉字都和动物的叫声有关，叫声是从嘴里发出来的，所以它们都有口字旁。

＊教师出示某一张字卡，幼儿模仿叫声。

5. 组织幼儿玩问答游戏"在哪里"。

＊教师：××（动物）在哪里？

＊幼儿：×××（叫声），在这里。

＊幼儿集体练习，了解游戏玩法。如教师说："青蛙青蛙在哪里？"全体幼儿手指汉字"呱"并回答："呱呱呱，在这里。"

＊游戏可开展多遍，请个别幼儿在集体面前阅读汉字，进行一对一答的

游戏活动。

【分析】

目前，多数幼儿园都在开展早期识字活动，但大量认读常见字而不是认读与幼儿经验有关的汉字、机械记忆一些汉字而不是了解汉字的构字特点等问题却普遍存在。该活动以图画书《跷跷板》为材料，较好地将早期识字融入到图画书阅读活动中，旨在促进幼儿早期识字经验的获得。

为了保证在图画书阅读过程中进行有意义的文字阅读，教师在设计和组织该活动的过程中使用了相对有效的阅读指导策略。首先，分析故事情节的发展。在共同阅读图画书后，教师通过提问来鼓励幼儿进行简单推理，引出幼儿对口字旁汉字的认识。其次，讨论图画书中带口字旁的汉字。教师在幼儿说出表示不同小动物发出的声音的汉字的同时，出示了相应汉字卡并请幼儿思考，引导幼儿认识了带口字旁的汉字，简单了解了汉字的结构特点。同时，教师还要求幼儿说出还有哪些汉字也是表现可以用嘴发出的声音的，并在幼儿回答问题后将相应的汉字展示出来并与幼儿一起阅读。

一园青菜成了精（大班）

活动目标

1. 借助画面理解图画书内容，体验童谣内容的趣味。

2. 积极参与和画面内容有关的游戏和讨论。

3. 在阅读过程中了解童谣中提到的各种蔬菜的特征。

活动准备

1. 幼儿认识图画书中出现的各种蔬菜，能说出它们的正确名称。

2. 图画书《一园青菜成了精》，幼儿人手 1 本。

3. 蔬菜贴图，空篮。

4. 表格、"胜"字贴纸、箭头即时贴。

活动过程

1. 阅读封面，引发幼儿对图画书内容的猜测。

*教师：封面上有什么？有哪些蔬菜？

*教师：这本书的名字叫《一园青菜成了精》，讲的是和这些蔬菜有关的事情。猜一猜，这些蔬菜之间可能会发生什么事情？

2. 阅读并理解图画书第一部分内容。

*教师：刚才你们的猜测对不对呢？我们一起边看书边念童谣找答案，当你找到了答案，就赶快喊"停"。

*当幼儿喊"停"后，教师引导幼儿说一说答案和理由，如：你是根据哪一句话知道答案的？

*教师：哪两个大王的军队要打仗了？

*教师通过贴图梳理出绿头萝卜大王和莲藕大王的蔬菜军队要打仗了。

*教师：两个大王的军队里分别有哪些蔬菜士兵？我们可以在书里找一找。

*幼儿每人拿一个蔬菜贴图，翻书找一找并说一说他是哪个大王的士兵，然后把它贴在对应的表格里。

*幼儿交流讨论，最后对表格内容达成共识。

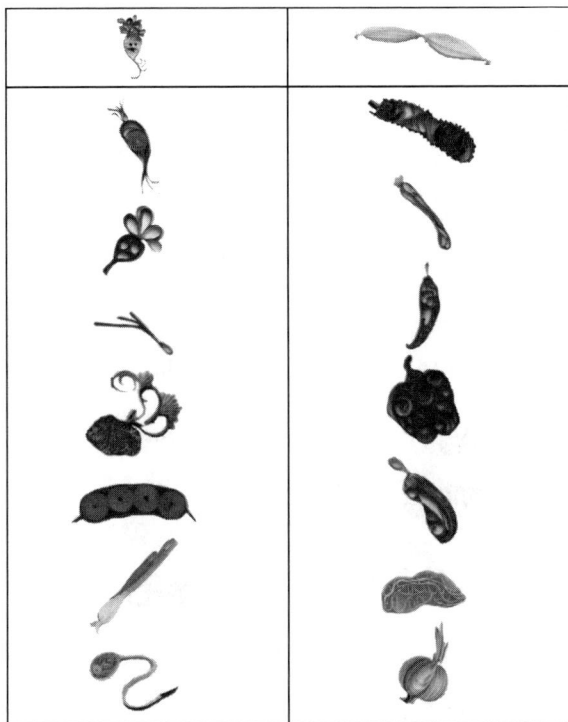

3. 阅读并理解图画书第二部分内容。

＊教师：两队士兵已经准备好了，马上开战啦。

＊教师：两支军队里的士兵谁和谁打了起来？谁获胜了？他用了什么绝招？

＊教师根据幼儿回答，将答案在表格上用连线的方法表示出来。

＊教师：谁打胜了？教师根据幼儿的回答，把"胜"字贴纸粘贴在相应的蔬菜旁边，引导幼儿对比观察两组画面中蔬菜的表情，也可以学一学蔬菜的动作。

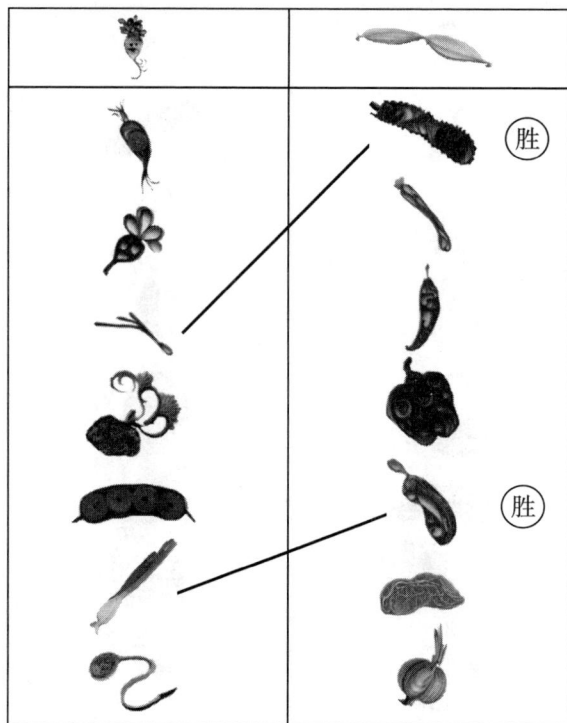

4. 阅读理解图画书第三部分内容。

  ＊教师：现在是哪一支蔬菜军队厉害？绿头萝卜大王的军队就这么被打败了吗？

  ＊教师：猜一猜胡萝卜搬来的救兵是谁？你觉得他有什么绝招？

  ＊教师：歪嘴葫芦能打败莲藕大王的士兵吗？

  ＊教师：莲藕大王逃跑了，菜园又恢复了平静。出了城门往东走，一园青菜绿葱葱。

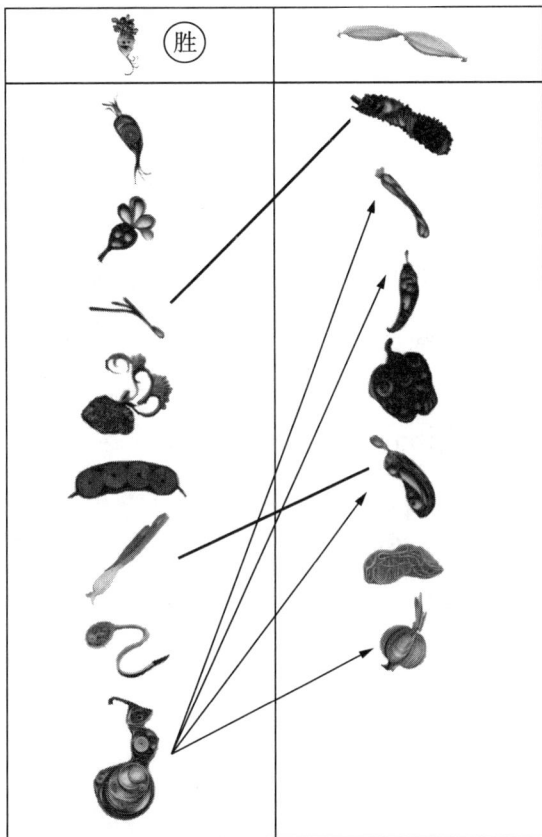

5. 集体看图画书，引导幼儿完整欣赏。

设计者：金胤（上海市松江区荣乐幼儿园）

【分析】

图画书《一园青菜成了精》中拟人化的形象和生动诙谐的语言，既可以帮助幼儿借助画面理解荒诞战争的场景，也有利于幼儿通过对不同蔬菜士兵表现的分析来理解蔬菜的典型外部特征。

该活动在分析幼儿自主阅读图画书可能遇到的问题的基础上，将活动的重点定位在引导幼儿与图画书阅读的三要素（画面、语言、情节）进行互动上，帮助幼儿获得的关键经验包括观察画面细节信息并理解故事角色的特点、通过多种形式的互动理解故事情节等方面。从活动效果看，幼儿能够积极参与多种形式的活动，基本理解了图画书内容，达成了活动的预定目标。

　　该活动的突出特点体现在以下几个方面。首先，教师抓住了交战双方的兵将特征、使用的兵器和招数、战争的胜负结果等线索，引发幼儿围绕"可能发生了什么事""有哪些蔬菜士兵""谁和谁打了起来"等问题进行讨论，使幼儿在饶有兴趣地念诵童谣中寻找答案，自然地感受语言的趣味性并初步了解故事的角色和情节。其次，贴纸和连线等方式调动了幼儿参与活动的积极性，使故事情节更加直观，既加深了幼儿对故事情节发生的先后顺序和战争细节的理解，也巩固了他们对蔬菜士兵特征的理解。

　　如果在活动过程中加入"为什么说蔬菜个个成了精"等问题的讨论或对"急眼、跪报、叫阵"等动作的表演，那么幼儿会有更多的机会去感受语言的夸张、诙谐和幽默等特征。

参 考 文 献

一、中文类

安·S.爱泼斯坦.学前教育中的主动学习精要：认识高宽课程模式 [M].霍力岩，郭珺，等，译.北京：教育科学出版社，2012.

芭芭拉·鲍曼，苏珊娜·多诺，万苏珊.勃恩兹.渴望学习：教育我们的幼儿 [M].吴亦东，等，译.南京：南京师范大学出版社，2005.

陈帼眉.学前心理学 [M].北京：人民教育出版社，1989.

陈杰琦，等.多元智能理论与儿童学习活动 [M].何敏，李季湄，译.北京：北京师范大学出版社，2002.

陈英和.认知发展心理学 [M].杭州：浙江人民出版社，1996.

董奇.儿童创造力发展心理 [M].杭州：浙江教育出版社，1993.

方富熹，方格，林佩芬.幼儿认知发展与教育 [M].北京：北京师范大学出版社，2003.

黄娟娟.认字、识字就等于早期阅读吗：2—6岁婴儿早期阅读教育方案新探 [M].广州：中山大学出版社，2006.

蒋风.儿童文学教程 [M].太原：希望出版社，1993.

肯·古德曼.全语言的"全"全在哪里［M］.李连珠，译.南京：南京师范大学出版社，2005.

劳拉·E.贝克.婴儿、儿童和青少年（第5版）［M］.桑标，等，译.上海：上海人民出版社，2014.

楼必生，赵寄石.幼儿园教师培训教材：语言教学法［M］.北京：人民教育出版社，1986.

彭聃龄，谭力海.语言心理学［M］.北京：北京师范大学出版社，1991.

皮亚杰.儿童心理的发展［M］.傅统先，译.济南：山东教育出版社，1982.

松居直.我的图画书论［M］.季颖，译.长沙：湖南少年儿童出版社，1997.

唐亚男，朱海琳，赵彦.儿童文学与幼儿语言教育［M］.北京：科学普及出版社，1994.

王振宇，葛沚云，曹中平，等.儿童社会化与教育［M］.北京：人民教育出版社，1992.

周兢，程晓樵.幼儿园语言教育活动设计与组织［M］.北京：人民教育出版社，1996.

周兢，余珍有.《指南》背景下的幼儿园语言教育：第六届全国幼儿园语言教育研讨会获奖论文与活动分析［M］.南京：南京师范大学出版社，2005.

周兢，余珍有.幼儿园语言教育［M］.北京：人民教育出版社，2004.

周兢.学前儿童语言教育［M］.南京：南京师范大学出版社，2001.

周兢.学前儿童语言学习与发展核心经验［M］.南京：南京师范大学出版社，2014.

周兢．幼儿园语言文学教育活动［M］．北京：中国广播电视出版社，1992．

朱曼殊．儿童语言发展研究［M］．上海：华东师范大学出版社，1986．

朱智贤．儿童心理学（1993年修订版）［M］．北京：人民教育出版社，1993．

祝士媛．学前儿童语言教育［M］．北京：北京师范大学出版社，1995．

筑波大学教育学研究会．现代教育学基础［M］．钟启泉，译．上海：上海教育出版社，1986．

二、英文类

BLOOM L，LAHEY M. 1978. Language development and language disorders［M］. New Jersey：John Wiley & Sons，Inc. ，1978.

BURNS MS，GRIFFIN CE. Starting out right：a guide to promoting Children's Reading Success［M］. Pittsburgh：The National Academy Press，1999.

CHOMSKY N，HORNSTEIN N. Rules and representations［M］. New York：Cambridge University Press，2005.

DICKINSON D K，TABORS P O. Beginning literacy with language：young children learning at home at school［M］. Baltimore，MD：Brookes Publishing，2001.

FLURKEY A D，MEYER R J. Under the whole language umbrella：many cultures，many voices［M］. Urbana，Illinois：National Council Teachers of English，1994.

GEE J P. An introduction to discourse analysis：theory and method［M］. London：Routledge，1999.

GOOMAN K. What's whole in whole language?：a parent/teacher guide to children's learning［M］. New York：Heinemann，1986.

GORDON A M，BROWNE K W. Beginnings and beyond foundations in early childhood education［M］. Belmont，CA：Wadsworth，2011.

KRASHEN S D. Second language acquisition and second language learning [M]. Oxford: Pergamon. 1981.

MARIAN W. Language development in the early years: more than national curriculum English [M]. //GEVA B, VIC K. The national curriculum and early learning. London: Paul Chapman Publishing Ltd.

PETERSON C, MCCABE A. Developmental psycholinguistics: three ways of looking at a child's narrative [M]. New York: Plenum, 1983.

WHITE, B L. The new first three years of life: completely revised and updated [M]. Englewood Cliffs NJ: Simon & Schuster, 1995.

出 版 人　李　东
策划编辑　白爱宝
责任编辑　赵建明
版式设计　杨玲玲
责任校对　贾静芳
责任印制　叶小峰

图书在版编目（CIP）数据

幼儿园语言领域教育精要：关键经验与活动指导／
余珍有著 . —北京：教育科学出版社，2021.1（2025.3重印）
　（幼儿园领域课程指导丛书）
　ISBN 978-7-5191-2387-1

　Ⅰ．①幼…　Ⅱ．①余…　Ⅲ．①语言教学—教学研究—
学前教育　Ⅳ．①G613.2

　中国版本图书馆 CIP 数据核字（2020）第 226317 号

幼儿园领域课程指导丛书
幼儿园语言领域教育精要——关键经验与活动指导
YOU'ERYUAN YUYAN LINGYU JIAOYU JINGYAO——GUANJIAN JINGYAN YU HUODONG ZHIDAO

出 版 发 行	教育科学出版社				
社　　　址	北京·朝阳区安慧北里安园甲 9 号		邮　　编	100101	
总编室电话	010-64981290		编辑部电话	010-64989365	
出版部电话	010-64989487		市场部电话	010-64989572	
传　　真	010-64989419		网　　址	http://www.esph.com.cn	
经　　销	各地新华书店				
制　　作	北京金奥都图文制作中心				
印　　刷	保定市中画美凯印刷有限公司				
开　　本	720 毫米×1020 毫米　1/16		版　　次	2021 年 1 月第 1 版	
印　　张	114.75		印　　次	2025 年 3 月第 5 次印刷	
字　　数	1688 千		定　　价	377.00元（共7册，含光盘）	

图书出现印装质量问题，本社负责调换。